独一无二的"大脑体操"。

最　强　大　脑

越玩越聪明的数独游戏

小枝 / 主编

吉林出版集团股份有限公司

图书在版编目（CIP）数据

最强大脑.越玩越聪明的数独游戏/小枝主编.--
长春:吉林出版集团股份有限公司，2018.11

ISBN 978-7-5581-5914-5

Ⅰ.①最… Ⅱ.①小… Ⅲ.①智力游戏－通俗读物
Ⅳ.① G898.2

中国版本图书馆 CIP 数据核字（2018）第 242723 号

ZUI QIANG DANAO YUE WAN YUE CONGMING DE SHUDU YOUXI
最强大脑 越玩越聪明的数独游戏

主　　编：小　枝
出版策划：孙　昶
项目统筹：郝秋月
责任编辑：刘晓敏　侯金明
装帧设计：韩立强
出　　版：吉林出版集团股份有限公司
　　　　　（长春市福祉大路 5788 号，邮政编码：130118）
发　　行：吉林出版集团译文图书经营有限公司
　　　　　（http://shop34896900.taobao.com）
电　　话：总编办 0431-81629909　营销部 0431-81629880 / 81629900
印　　刷：天津海德伟业印务有限公司
开　　本：880mm×1230mm　　1 /32
印　　张：6
字　　数：114 千字
版　　次：2018 年 11 月第 1 版
印　　次：2019 年 7 月第 2 次印刷
书　　号：ISBN 978-7-5581-5914-5
定　　价：32.00 元

印装错误请与承印厂联系　　电话：022-82638777

前言
PREFACE

　　"数独"，也被称为"一个人的围棋"。数独起源于瑞士数学家欧拉发明的拉丁方块，曾在美国、日本得到过发展，后来被刊登在英国的《泰晤士报》上，一经发表便迅速风靡全世界，让无数人为之着迷。人们可以拿着纸笔玩数独、在电脑上玩数独，或者用手机玩数独。从澳大利亚到克罗地亚，从法国到美国，各家报纸杂志纷纷刊登这种填数游戏。日本人每月购买的数独杂志超过 60 万份；在英国，数独不仅已发展成全民游戏，还有教师主张用它来锻炼学生的脑力。

　　数独是在一个包含九个小九宫格的表格中，以若干已知数字为线索将 1 ~ 9 分别不重复地填入每行、每列、每个小九宫格中的游戏。听起来是不是很简单呢？的确，数独游戏的规则很简单，只要认识数字，并稍加练习基本就可以上手。另外，数独游戏不需要复杂的工具，只需要一支笔，一张纸，不需要填字游戏所要求的语言和文化知识，只需要认识 9 个数字，有了这些优势，它的大受欢迎也就不难理解了。

数独游戏看似简单，却又是一种全面锻炼逻辑思维能力、推理判断能力和观察能力的"大脑体操"。真正的数独并非只是简单的数字位置的机械变化，在数字的选择中隐藏着独一无二的创意。数独游戏可以帮助青少年锻炼逻辑思维能力，增强智力；可以帮助成年人缓解压力、放松精神，在帮他们打发闲暇时光的同时也能为平淡的生活增添几分乐趣；还可以帮助老年人活动大脑，增强大脑活力。总之，数独游戏是一种好学又好玩，老少皆宜的休闲活动。

　　本书精选了较为经典的一些数独游戏，让广大中国读者也能享受到这种极具挑战性的益智游戏。这些游戏适于多个年龄阶层的读者，能让他们越玩越聪明，越玩越爱玩。

目录
CONTENTS

"独"数之道：一看就懂的数独攻略

数独入门：基础数独解题技巧

下面将介绍数独谜题的一些基本规则和一些解决数独问题的方法。

初识九宫格

空白的数独方格如下页图1所示，是一个九行九列的大方格，又分为三行三列的九个小九宫格。在本书中用小方格的坐标值对其进行标识——先行后列，如：（1，3）表示最顶行，左起第三个；（9，8）表示最底行，左起第八个。书中还会用数字来标识3×3的小九宫格，如图1所示。

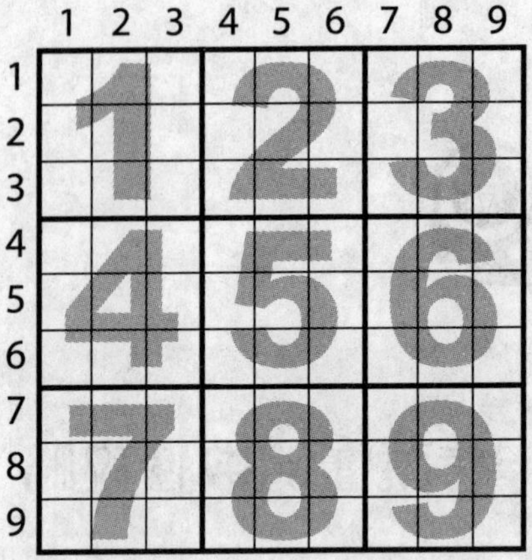

图1 示意九宫格坐标和小九宫格标号的空白数独

从基本规则开始

    如图2所示，每道谜题开始时，在九宫格中都会有一组提示数字。我们先要了解基本方法，数独的解答只需要一定的逻辑思维能力，不需要加减乘除。解决数独谜题，尤其是较难的谜题时，可能需要给待选数字做标记。这些标记应随着谜题的解答而做出相应改变。

图2 难度适中的数独谜题

将谜题分块

开始解答谜题时应注意的第一条：不要一开始就试图解开所有谜题。如图3所示，应将谜题分块。可以拿一张纸来挡住九宫格中暂时不必观察的部分。在前三列中可以观察到，小九宫格①和小九宫格⑦各有一个1，而小九宫格④中没有1。第二列中的1排除了小九宫格④中第二列出现1的可能性，而第三列中的1使我们知道不能将其他1放在小九宫格④的第三列。这表示小九宫格④中的1肯定是在第一列，但是不能确定是在两个空格子中的哪一个。这时我们在空格子的角上用小数字对这些待选数字进行标记。在本书中所有的待选数字用同样的方式（方格中的小数字）来标记。

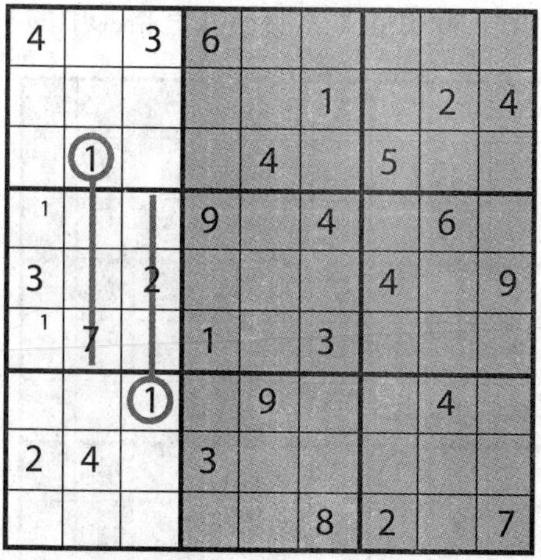

4		3	6					
					1		2	4
	①			4		5		
1			9		4		6	
3		2				4		9
1	7		1		3			
	①			9			4	
2	4		3					
					8	2		7

图3 分块观察表格，而不是一开始就试图解答整个谜题。

观察较大的区域

如图 4 所示，在第六行已经有了一个 1。显然，因为此行已经有了一个 1，第六行再出现 1 的假设被否定，于是这个待选数字就可以擦去了。因此，数字 1 肯定只能出现在另一可选方格：第四行、第一列（既方格 4，1）。这是我们确定的第一个数字。

解答第二个数字

小九宫格、行或列中的空格子越少，解答谜题的机会就越大，所以应先观察已知数字最为密集的行、列和小九宫格。可集中精力先观察中间三行。小九宫格⑤和小九宫格⑥中各有一个 4，但小九宫格④中没有 4，所以看起来这是一个值得关注的数字。

第四行和第五行中的 4 表明小九宫格④中的 4 只能出现在

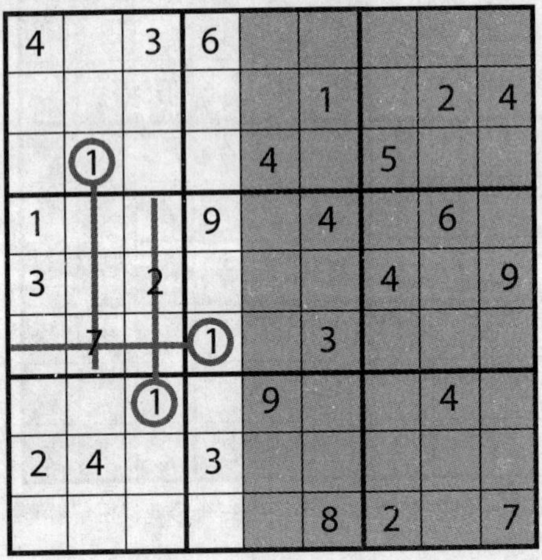

图 4 以某个数字为目标逐步观察较大区域以寻找线索

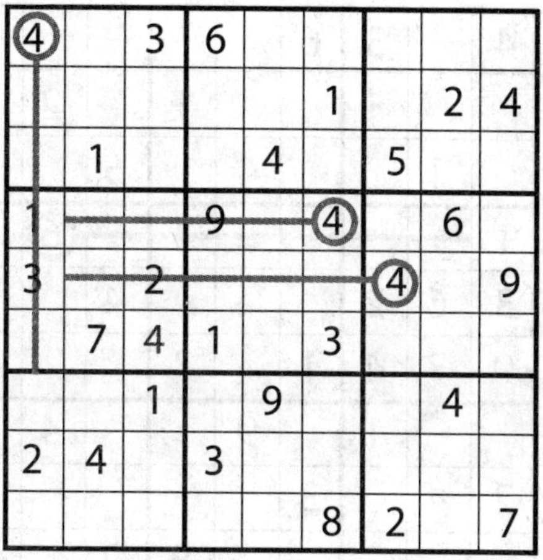

图 5 找 4 以解答谜题

（6，1）或（6，3），所以可以在这两处用铅笔标记之。在图 5 中观察第一列其他部分后发现此列已经有了一个 4，所以小九宫格④中的 4 不可能出现在（6，1），而只能放在另一个待选方格（6，3）。

　　顺便提一句，如果我们展示了其余的格子，你有没有观察到第二列的数字 4？如果没有用第四行和第五行的 4 来排除小九宫格④中第二列有 4 的可能性，那么我们可以利用小九宫格②中的 4 完成这一步。

破解第一个小九宫格

　　继续对已有线索进行分析，在下页图 6 中观察第四行和第五行的 9。这两个 9 排除了小九宫格④中除（6，1）外的任一方格中出现 9 的可能性。所以用不着进行标记，9 只能放在方格（6，1）里。

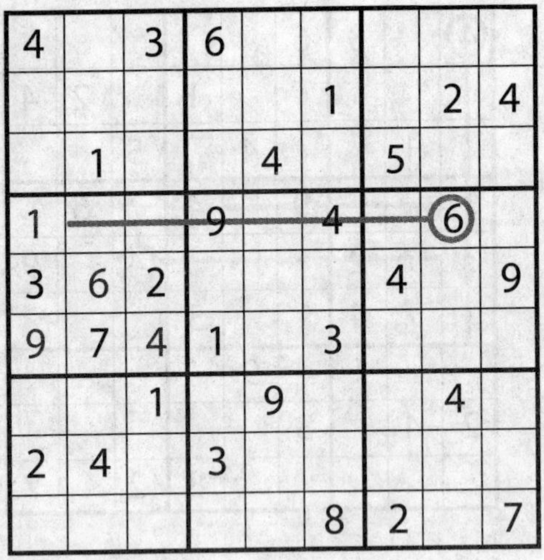

4		3	6					
				1			2	4
	1			4		5		
1			9		4			⑥
3	6	2				4		9
9	7	4	1		3			
		1		9			4	
2	4		3					
					8	2		7

图6 方格（4，8）的6表示小九宫格④中的6只可能出现在（5，2）

接下来观察第四行的6，它很好地排除了6出现在小九宫格④中的第四行的可能性。因为在小九宫格④中一些数字的位置已经得以确定，所以余下的方格中唯一可能出现6的位置只能是（5，2）。小九宫格④中只余下数字8和5的位置还未确定。这两个数字中的每一个都可以放在（4，2）或（4，3）中。从目前已知的线索来看，没有合适的方法来判断它们正确的位置。

在我们继续之前，在两个方格中都标上待选数字5和8，在以后某个阶段我们将会确定这两个数字的正确位置。

从这两个未填的方格我们可以得到重要的提示：它们都可能包含5或8（已证），同时也意味着在小九宫格④中，5和8

只可能出现在这两个方格中，这不仅仅是对它们所在的小九宫格有影响，对于其所在行未解答的方格来说也具有重要意义。

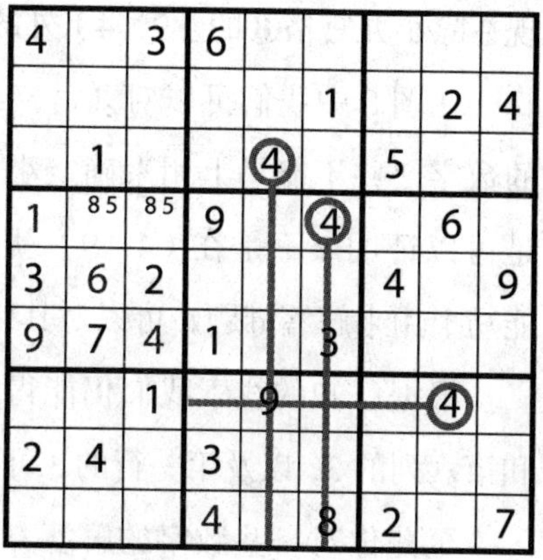

　　我们刚刚发现的这种数组可以称为一个成对的二元数组。二元数组的元素是指已被证明可能出现在两个方格中的数字，可以用来排除此数字出现在九宫格其他位置的可能性。随着谜题难度的增加，二元数组还可以帮助我们解决其他问题。

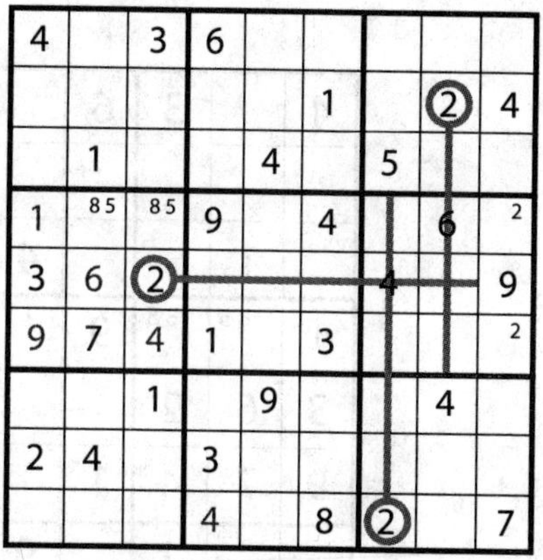

线索的使用

　　现在，你应该已经熟悉了确定数字的位置的方法，不

图 7 找出线索

图 8 掌握谜题的解答方法

用再对九宫格进行部分遮挡，尽管在我们集中精力于某一特定部分时这会是一种十分有效的方法。

　　线索最后会自己跳入你的视野。如图 7 所示，这里已经可以确定数字 4 在小九宫格⑧中的位置，因为我们已经可以排除 4 出

"独"数之道：一看就懂的数独攻略
DUSHUZHIDAO

7

现在除小九宫格⑧的（9，4）外的位置的可能性。

在图8中我们可以对九宫格进行很好的处理。已确定位置的数字2并不能马上用来确定小九宫格中的数字2的位置，但是可以证明2不是在（4，9）就是在（6，9）。鉴于数字2不能马上用来解答谜题，可以对其标记以后再用。

根据已知的线索我们仍能得出许多答案。如，观察第四列和第六列的3，以及第一行的3可以确定小九宫格②中3的位置。

至此你对一些数字的解答方法有了足够的了解，图9中是我们已解答的九宫格。

图9 已解答的九宫格

数独提高：轻松掌握解决难题的诀窍

现在我们开始对谜题进行系统的解答，为此必须仔细地寻找每一处方格的秘密。考虑到谜题的难度等级，首先你应该决定是啃骨头似的记下每一方格的所有待选数字，还是一个小九宫格一个小九宫格（或是一行行、一列列）的挨个解答。鉴于此谜题为中等难度，我们可循序渐进地完成解答。

在图 10 中的小九宫格⑥中所有的待定数字都已被标记。检查每一方格所在的小九宫格、行和列，以确定这些待定数字。你可以试着自己练习检查这些数字。

因为小九宫格④中的二元数组的位置已经确定，所以我们可以确定 8 和 5 都不可能出现在方格（4，7）或（4，9）。

图 10 尝试解一下小九宫格⑥

选出单独的数字（独数）

观察小九宫格⑥最底行最左端的方格会发现唯一能够放在此处的数字只有 8。

从其所在的行和列来看并没有什么线索足以证明 8 是此方格的解，只有通过排除其他的待选数字才可以确定 8 应该放在（6，7）。通过排除法而确定位置的数字我们称之为独数。

方格（6，7）中 8 的确定能帮助我们排除其所在的小九宫格、行和列出现其他 8 的可能性。如图 11，擦去所有待选数字 8 后，会发现已解答数字 8 的右边出现了新的唯一待选数字 5，用同样的方法也可以确定其位置。将 5 确定（擦去其余待选数字 5）后使得 2 单独出现在（6，9），于是其位置也可以确定，然后擦去待选数字 2，在（4，9）出现唯一待选数字 3 等等，尽可能地

4		3	6					
					1		2	4
	1			4		5		
1	85	85	9		4	73	6	32
3	6	2				4	751	9
9	7	4	1		3	8	5	52
		1		9			4	
2	4		3					
			4		8	2		7

图 11 用待选数字来解答

4		3	6					
					1		2	4
	1		4		5			
1	85	85	9		4	73	6	32
3	6	2				4	71	9
9	7	4	1		3	8	5	2
			1		9		4	
2	4		3					
			4		8	2		7

图 12 试试自己解开这个谜题。

按照此方法一直做下去，如图 12。余下的由你搞定。

困难的数独的解答

下页图 13 不仅体现了在之前讨论到的许多数独原则，还出现了一些不明显的条件。观察一下数字 6：

◎列 1 和列 3 中的数字 6，与方格（9，5）中的数字 6，排除了在小九宫格⑦中（7，2）或者（8，2）以外的地方填入数字 6 的可能性。

◎因为在小九宫格⑨中的行 8 已经满了，小九宫格⑨中的数字 6 只能是放到行 7 里面，所以，小九宫格⑦的数字 6 只能在（8，2）。

◎方格（5，8）里的数字 6 排除了在列 8 中填写数字 6 的可能。这就意味着，小九宫格⑨中的数字 6 不在（7，8），并且，既然（9，5）的数字6排除了在小九宫格（9，9）填数字6的可能，那么，小九宫格⑨中的数字6就只能放在（7，9）了。

这时，在中间三列中，小九宫格⑤中的数字6的位置可以很容易地确定。由于数独的对称性，总是有另外一组三个未解决的数字。这些数字常常有助于解答其他的问题。当我们知道这个数字只能放到这些方格中的一个里的时候，一个方格的两个待选数字刚好可以起到一个已选数字的作用。这些待选数字的排列被称为二元数组或三元数组。

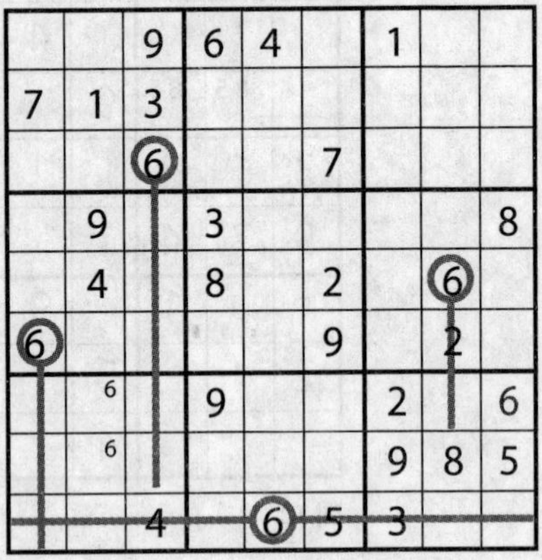

图 13 寻找并利用那些不明显的条件

无关的待选数字

下面是对难度更高的数独问题的一些解答攻略。你必须小心翼翼地去寻找小九宫格中每一个未解答的方格中的所有的待选数字。如图 14 所示，图中的多数方格已经得到了解答，但是还有一些仍然留下了待选数字。每一个待选数字看似都有不止一个方格可以放进去，这时就要用到推理。

请你将注意力集中在列 4 上。如果我们只考虑小九宫格⑧的话，我们需要考虑一下（8，4）与（9，4）的一对数字7与2。

这里教你点小"魔法"：在小九宫格⑧中，我们发现，必须将数字7或者2放到方格（8，4）或者（9，4）中，即是说，这两个方格就必须是这一列中仅有的两个包含这些数字的方格了。所以，我们现在知道了，数字7与数字2就不可能出现在（2，4）中，那么，在（2，4）中就只能填入数字5了，因而小九宫格②的数字2必须出现在（2，5）中。

有时候，你可能会在小九宫格、行或者列中发现诸如7、2、1或7、2的一组待选数字。如果数字1在别的地方，成为该情况下的待选数字而7和2却没有的话，你就可以将数学1从7、2、1的数组中移除掉了。因为我们知道，这两个方格只能填数字7或者数字2，如果数字7放在一个方格，数字2放在另一个方格

82	28	9	6	4	3	1	5	7
7	1	3	52	52	8	6	9	4
4	5	6	1	9	7	8	3	2
52	9	752	3	752	6	4	1	8
3	4	751	8	751	2	75	6	9
6	87	87 51	4	751	9	75	2	3
51	3	751	9	8	41	2	74	6
21	6	721	72	3	41	9	8	5
9	872	4	72	6	5	3	7	1

图14 仔细看看这些待选数字

的话，就没有放数字 1 的地方了。在行话中，这叫隐性配对。有时候，这样的一个配对就可以从一大堆无关的待选数字中摆脱出来。或许，最让你头晕、最困难的数独问题是这样解决的——当三个数字在一个小九宫格、行或者列中共用三个方格的情况下，从这些配对中进行筛选。根据同一个小九宫格，行、列中不能出现重复的数字的要求，这三个方格必须单独包含这三个数字。例如，如果这三个数字是 8，5 和 1，那么它们就会出现在这种情况下的待选数字中，即：8、5、5、1、8、5、1 或者 8、5、8、5、1、8、5、1，或者就是简单的 8、5、1、8、5、1，以及 8、5、1。

到这里，解答数独的攻略已经使得你可以解答几乎是最困难、最极端的数独了。最困难的数独的攻略方法最好是通过练习来学习。你解答的数独越多，就会变得越熟练。

圆形数独

如果你觉得做普通的方形数独很单调的话，我们在后面给你提供了一些圆形的数独来调剂，有时这种圆形数独也被称为靶子数独。图 15 的靶子数独是一个四圆环，相当于一个大圆被切成了八份，每一份又分为四个小块。你的目标就是在每一小块上放一个数字（每份四个数字）。所以，每两份相邻的部分就包含了从 1 到 8 的所有数字。每个环同样必须包含从 1 到 8 的所有数字（0 到 9 的五圆环谜题则会被切成十份）。

最强大脑 ►
越玩越聪明的数独游戏

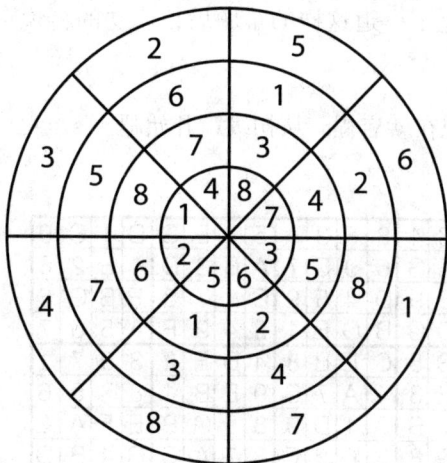

图 15 在一个圆形数独中，每两份相邻的部分上都包含了从 1 到 8 的阿拉伯数字。

规则：每隔一块包含着同样的数字——但是并不按照同样的顺序，因为每个数字都必须出现在每个环里。

类固醇型的数独

如果你认为一些 9×9 的数独很难的话，这个 16×16 的数独就会让你发疯了。正如你所期望的，16×16 的数独的规则只有些许不同。同那些数字一样，你必须使用字母 A 到 G。每一个 1 到 9 的数字与 A 到 G 的字母，都必须放进每一行、每一列和每一个 4×4 的小格子里。图 16 就是一个 16×16 的数独。

在 9×9 的数独中所使用的所有攻略，在 16×16 的谜题同样有效，当你攻克了一道这样的难题后，成功的喜悦会溢满你的整个身心的。

怎么样？现在就启程，从初级篇开始吧。

7	2	B	4	8	F	3	A	5	6	E	G	D	1	C	9
1	5	F	G	6	9	C	7	A	B	3	D	4	E	2	8
6	A	E	9	D	4	5	2	C	1	7	8	F	B	G	3
8	3	D	C	B	G	E	1	2	4	9	F	A	5	6	7
A	6	G	5	C	E	B	8	4	D	F	2	3	9	7	1
D	F	2	3	4	A	7	G	9	E	B	1	8	7	5	6
4	C	7	B	3	1	D	9	8	5	G	B	E	F	A	2
E	1	9	8	5	6	2	F	3	7	A	C	G	4	B	D
B	9	6	F	2	3	G	5	1	A	C	E	7	8	D	4
2	G	4	D	E	8	F	C	7	3	6	9	B	A	1	5
5	8	3	1	A	7	9	D	F	2	4	B	6	G	E	C
C	E	A	7	1	B	6	4	G	8	D	5	2	3	9	F
G	7	1	6	9	D	4	3	B	C	8	A	5	2	F	E
9	4	8	E	G	2	1	B	D	F	5	7	C	B	3	A
3	D	5	2	F	C	A	6	E	G	1	4	9	7	8	B
F	B	C	A	7	5	8	E	6	9	2	3	1	D	4	G

图 16 使用 1 到 9 的数字与 A 到 G 的字母的 16×16 的数独

初级篇：牛刀小试

1*

5	6	7					3	8
8	3	2				1	4	
			3	8	7	5	6	
			3	6	4	5	1	7
4	1	3				9	6	2
6	7	5	9	2	1			
2	5	9	6		1			
	4	1				6	2	5
7	8					3	9	1

注释*：此类题目遵循两条规则：1. 在 9×9 的大正方形中，每一行和每一列都必须填入 1 至 9 的数字，不能重复也不能少。2. 在每个粗线隔开的 3×3 的小正方形中，也必须填入 1 至 9 的数字，同样不能重复也不能少。

2|

7	6	8	5				4	
1	4	9				5	2	7
			4	7	9	8		1
			2	1	5	4	8	
2	3	1				6	7	5
	8	4	6	3	7			
6		3	1	8	2			
4	5	7				2	1	8
	1				4	9	3	6

3|

5		2		8	1	7		6
1		4	6	9	3			
		8		7	5	1	4	3
3	1			2			5	9
	9		5		4		8	
4	8				1		7	2
6	4	3	9	5		2		
			8	3	2	9		4
8		9	1	4		5		7

最强大脑
越玩越聪明的数独游戏

4

4	1	7	8	9	3	2	6	5
5	8	6	4			9	1	3
7			9	6	4			1
1	6	5				4	9	7
2			7	5	1			8
6	7	1			8	3	5	9
3	4	9	5	7	6	1	8	2

5

		4	1	9	3			8
5		1		2	6		4	3
8		9			5		1	2
	4			5		1	9	
9	5	2	7		4	3	8	6
	1	3		6			5	
1	9		2			4		5
3	8		6	4		7		1
4			5	3	1	8		

6

	3	2	8			4	5	
6					3		2	9
	4					3	8	
1	9	4	3	8	6	5	7	2
	7	3				1	6	8
8	5	6	2	7	1		3	
3	2		9		8		4	
	1	8	6	3	5		9	
	6	5	7				1	

7

9	3				6	1	5	7
1		2	7	5		3	8	6
7		6	8	3	1	2	4	9
6	1		2	7	4	5		
		4	9	6	3	7		
3	2	7		8			6	
8		1		9		4		
2	9	5		4		6	7	
4								

8 |

3	2	1					5	8
6	8	9	4	1	5		7	3
	7	5	3	2		1		
5	6	3	9		1	7	8	2
9	1	8						6
7		2						
2	3		1		4			7
	5		7	9	3	6	2	1
1		7		6			3	

9 |

	2	5	7			4	3	
8					4		6	1
	6					7	9	
9	3	8	6	4	2	1	5	7
	1	4				9	2	3
2	5	7	9	1	3		4	
7	8		5		9		1	
	4	6	2	7	1		8	
	9	1	4				7	

10

5			4	2		3	8	
2	3		6			5	1	
		9	5		3	7		2
7			9			8	6	3
8			7	3		4		1
1	6	3		4	2		7	5
3	2		1			6	9	4
4			2	9		1		7
		1	3		4	2	5	

11

		2	9	7	1			
9		7	2			4		8
	5				8		9	
7		4		1		5		3
	3		4		2		7	
1		8		3		6		9
	8		7				3	
2		3			4	9		6
			3	6	9	7		

12

5		4			7	1		6
	9			6	4		5	
		1	3			2		9
4				1		8	6	
	3		2		9		1	
	5	7		8				3
9		2			5	4		
	4		8	9			7	
6			7			3		5

13

	2			3		1		4
				1	6		2	3
4			2					8
9		6	1	8			5	
				5				
	7			6	3	8		1
8					9			5
5	9		8	7				
3		4		2			8	

14

		7			1	3		
9	5	3		8			2	4
	4		2		3		6	5
4		5	7					9
				1	5			
1			9			5		2
5	3		1		8	9		
	1	8		7		6	5	4
		9	5				1	

15

9	4			6				5
	8			5		6	4	9
	7	6	9		4	8		
8			3					6
	6		7		8		5	
4		3		9		1		7
		5	4		2	9	6	
6	3	8		1			7	
2				7			1	8

16

5	1		3	2				4
		3	8	9				5
8					1	2	3	
6		1		9		7		
	8		1		3		6	
	9		7			5		1
	3	8	9					6
9				1	8	7		
7				3	5		8	9

17

	7				4			3
	6		8		5	7	1	4
	5	4	3			8		
1	8	5			2	3		9
	4						8	
6			3	1		4		5
		8			1	6	4	
4	1	2	7		3		5	
5			2				3	

18

2	3				5			6
	6	4		2			3	5
		1	4	6			9	
6				4		5		
	5	2	3		7	6	8	
		3		5				1
	9			8	4	2		
7	2			3		9	5	
1			2				6	8

19

1		8				5		7
		4	9		7			
6					1			
	5					6		
	4	6	1	3	5	8	7	2
3		7					9	
			6					3
			5		4	9	8	
7		5						4

20

	4			2		3		
		9		5				6
2			4		6		1	
		4				5	3	
5		1		9		4	7	8
	2	8				6		
	1	5	2		3			7
3				6		1		
		6		7			2	

21

	7			1	8	6		
8	6	9	2					
4					6		3	5
	2	1		6				9
9			1		4			7
6				2		3	8	
2	5		3					8
						5	7	2	3
		8	9	4			1	

22

	1	4			8	2	3	
	3		7	2	5		6	
5					3	9		
		1	5					8
	2	3				5	9	
9					6	7		
		7	6					1
	5		1	9	7		4	
	4	8	3			6	7	

23

		6			7	3		8
5	8				3			
4				1	6	7	5	
8	2				9	5		
	3		7		8		4	
		1	4				2	9
	6	2	3	5				7
			9				1	4
7		9	6			2		

24

	8		4		3		6	
4		2	7	8			5	
		7				3	4	
3		1		9	4			
8			6		1			2
			2	7		5		1
	9	3				6		
	1			5	9	7		4
	5		1		2		8	

25

	3		1				8	7
5			6	2		1		
1	6	9			4			
	1			4		7		6
	9		3		2		5	
4		2		1			9	
			8			5	7	4
		6		3	9			2
8	4				7		6	

26

5				8				
			1	4	5		9	
1		6	7					4
7	5			6			1	
6		8				2		3
	3			1			6	7
8					1	4		9
	6		9	3	8			
				2				1

27

8	2		7	6		3		
		7			4			1
1		6	5					2
6								
		4	9	8	5	2		
								9
4					2	8		7
9			8			4		
		5		7	9		2	6

28

			8	1		6		5
1	4					8	9	
7				5		2	3	
	8				9	7		
6	2		4		3		5	9
		1	5				2	
	5	2		3				6
	7	6					1	4
9		3		4	8			

29

6	8			3		2		
					5	8	7	4
9			7	2			1	3
		4		1	3			
	1	6				9	2	
			2	6		4		
5	2			7	4			6
8	7	1	9					
		3		8			5	9

30

	6		1	8		9		
4		7	5					6
					7	4	2	5
	9	4		3				1
1			9		8			2
3				4		6	5	
6	1	3	4					
8					3	5		7
		2		9	6		3	

31

	7	1		3				9
						8	4	
	5	8	6	2				7
			8		2			3
5		9				4		2
3			4		7			
2				8	1	6	3	
	3	6						
8				6		9	5	

32

		6			9	5		
		2		7			9	
		7		1	2		4	
1			8		3			5
9		5				4		8
7			2		4			6
	8		5	2		7		
	5			3		1		
		1	9			3		

33

2			8	6			3	
6			9				1	
7			4			6	5	
				5	9	8		
	5	9				4	2	
		1	2	7				
	7	4			2			5
	8				1			9
	3			4	8			6

34

6			4	9		7		
5	2	7	1					9
			2			3		
				3		6	2	
	1		5		2		9	
	8	2		7				
		3		6				
7					8	9	6	4
		9		1	4			5

35

	3			1				
4			7	2	6			
5	1	7					9	
9		5	4	8				
8		3				2		9
				7	3	5		8
	5					9	1	4
			8	5	1			6
				9			7	

36

	4		1	7	2			
				9	8	1		
2			6				7	
			3	6		7		5
	8				4	9		6
	7			8	5			1
		8						
	3			2	1		9	8
5	6					2	1	

37

8		2	5		3			
7	1	9	4	8	6		2	
3						8		
			2	6		9	5	
			3				8	
	3			7	9			4
9	7							2
6				3				1
	2					4	7	

38

2	5	8			4	7	1	
				7	2		5	
	3							6
						8		
6	4		8		3			7
			2	6				1
			4				3	
3	7	4	9		5	1		
9			3	1			7	

39

6		9				5	1	
				6				
3	4	5	1	7				
8	9		6		1			
5								
1						7		3
4	8	2			5	3	9	
	5		4	8				2
	6	1	3				5	

40

3	2					8		1
	6	4					5	
9					5			
				6				5
	7						2	
	5	6		3			8	9
6		1			4	5		
5	4		8		3	2	1	
7			6		1		3	

41

	8		4	6		7	3	
4		3				8		6
	2		8					
		9		5			2	
	1						4	
	6			7		3		
					1		7	
6		1				9		3
	7	2		3	5			

42

							5	
	8					9	3	4
7	4	9			3			8
4			6		9			
8			1	7	2			5
			8		4			1
9			3			1	4	7
5	2	3					8	
	7							

43

				3			7	
			5			4		3
		9				2	5	8
2	8			7	5			
		3	8	4	9	6		
			3	2			8	7
9		6	1				5	
8		2			7			
	7			6				

44

		4	3			2	5	
	1	3				4		
6	5			7			3	9
					4			3
			5		9			
2			3					
5	3			4			7	1
		1				5	6	
	8	9		6		3		

45

	2	5						
			4					6
1	6		3		5	7	2	
			5	9			3	
		1	2		8	6		
	9		6	4				
	8	6	7		3		1	2
3				2				
						5	6	

46

	8		2			6	5	
		3		7		8		
	5				8	2	9	
		9					7	
2	1						8	6
	6					3		
	3	2	9				4	
		8		6		9		
		4	8		1		2	

47

	4					5		2
				2				
5					6	1	9	7
	7		5	6	9			3
	9						7	
6			4	8	7		5	
8	5	1	9					6
				7				
9		7					3	

最强大脑
越玩越聪明的数独游戏

48

				8				
				9	3		4	5
7	4		6			3		
		4		2		9	7	1
	7						2	
2	8	9		7		5		
		8			1		3	6
1	3		9	4				
				6				

49

			8	5			7	
	6		4	2	1		8	
							6	1
4	3							2
1		6		4		5		7
5							3	4
3	8							
	1		7	9	2		4	
	9			8	3			

50

3				8				7
	7	1						
8	5	6	1					
7				4			2	
		4	3	9	6	7		
	6			1				4
					7	4	6	3
						9	8	
9				3				1

51

		6			7			9
8				3		1		
9			6		5		3	
		3					1	8
			9		1			
2	1					6		
	6		7		3			1
		9		2				4
7			8			5		

52

	2	4	8	6	1			
1	7			2				5
7		1			3		8	
9				5				4
	8		9			5		1
3				8			1	7
			6	9	2	4	5	

53

				5				
	6		4		9		1	
1	7						9	4
	8	6				5	4	
4			7		3			8
	2	1				6	7	
2	4						8	7
	1		9		4		3	
				3				

54

								3
			5	9		4		
8	2				4	6		5
		6			5	2		
5			1		6			9
		1	2			3		
1		8	9				4	7
		7		8	3			
2								

55

5		7						9
	8				2	1	7	
	1			6				4
	9			3				
		1	7		9	3		
				4			6	
8				5			2	
	7	6	2				9	
4						6		8

56

5					9		6	2
8	7			5			3	
1				4		5	2	
3			9		6			1
	8	4		2				3
	1			6			4	7
7	4		8					9

57

5		6	4			1		8
			8					
7		9	3			2		4
						3	7	9
2	1	3						
8		5			4	7		2
					5			
3		1			2	9		6

58

3	5		2					6
				3				2
			1		6			
		1		7		5		9
	8		6		4		7	
6		7		1		2		
			4		5			
1				6				
7					1		3	8

59

	6		2		1		9	
		9				5		
1	2						6	8
7			4		3			2
3			8		6			4
4	9						8	6
		8				2		
	1		7		8		4	

▶ 最强大脑 ▶
越玩越聪明的数独游戏

60

4			1		3			9
		2	8		6	3		
1								8
	1			5			3	
2				7				5
	7			6			2	
6								3
		1	6		5	9		
5			7		2			4

61

3		1				2		9
			1		6			
5	4						8	1
			6	1				
2			9		5			3
				4	2			
1	9						3	5
			4		8			
4		2				8		7

62

	9	3			6		8	
			4			3		2
				1				9
				5		2		3
	3	7		4		1	6	
4		2		3				
3				8				
5		9			2			
	6		3			4	2	

63

2		7	9			6	3	
3	1				4			
6			1					
		4	5		9	8		
				2				
		2	8		7	9		
					1			5
			3				2	7
	9	3			5	1		8

64

2	5			8			6	4
		3	6		2	9		
	3	9				6	2	
			3		7			
	6	1				4	5	
		6	4		9	7		
3	7			5			9	2

65

7		1				8		5
5			8	1	9			7
		4	6		7	3		
	5						2	
		7	1			3	5	
6			9	8	5			2
4		9				6		8

66

5			2		9			6
	1	2	8		5	9	7	
		7	5		6	2		
1								9
		3	7		1	4		
	9	4	1		7	3	5	
7			4		2			1

67

	2		9		3		1	
	6	7				3	2	
1								7
		4	2	1	9	7		
		6	3	4	7	8		
4								8
	8	2				1	7	
	1		8		2		4	

68

8						3		2
			7		1			8
		4	9	3			1	
	6	3						
5	9						3	4
						8	9	
	4			1	2	7		
6			4		7			
8		7					5	

69

9	1			7	8			
	7				3			1
3		2			6			9
					5		8	
	3						2	
	8		4					
4			3			9		7
7			9				6	
			7	6			5	4

70

4			1			6	3	
	7							4
	8		3		6			9
7		5				9	2	
				6				
	3	8				4		7
1			6		5		4	
2							6	
	6	7			1			5

71

	8	5				7	4	
			7	3			1	
4	2		6			1	5	
		7	3		5	6		
	5	8			7		3	2
	1			7	6			
	6	4				5	9	

72

	3				8			
1	6	7	4				8	
4		5						
7		1				6		
8			7		3			2
		3				9		5
						2		7
	2				1	4	9	3
			2				1	

73

					3		7	
		2		9	1	6		3
	5				2			
	4		6		8			5
	1						2	
7			1		5		8	
			2				3	
9		1	4	5		8		
	6		3					

74

4			7		1			2
		6		5		1		
8								3
		4	6		7	5		
	8						2	
		2	5		3	4		
2								6
		8		7		2		
1			3		2			9

75

					6		7	
	5			8		6	9	3
3								2
		9			1		4	
		2	5		3	8		
	7		6			2		
6								5
5	4	3		6			8	
	9		1					

76

7						8		
	6			3			1	
			4		9	3	5	
		4			8	1		
3	8						9	6
		7	6			4		
	7	9	5		1			
	3			7			8	
		6						2

77

			5		4			
				8			4	3
4		2		7		9		5
	8	1						7
		7				6		
3						5	1	
5		3		4		2		1
8	1		3					
			9		5			

78

	9							
7				2	9			1
	4		6	5				
		3			7	4	5	
4	8						9	6
	7	9	5			3		
				7	5		3	
1			8	6				9
							6	

79

	8	5	9		4	7	1	
2		4				6		9
		7	1		3	8		
	2						7	
		6	8		7	9		
9		8				4		6
	6	1	7		9	2	5	

▶ 最强大脑 ▶
越玩越聪明的数独游戏

80

8			7		1			2
		6				7		
	1	7				8	9	
			1	7	3			
7								6
			9	5	6			
	9	5				4	1	
		8				5		
3			6		5			7

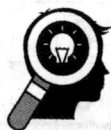

中级篇：过关斩将

1

	5			6				
1	2		8					
		9	7			6		
	7				3			
5	9						7	2
			4				5	
		3			1	5		
					6		1	7
				2			3	

2 |

9			2					
8			3					4
	3	5	9		6			
						8	7	
	6						3	
	5	7						
			8		3	6	4	
3					2			5
					1			2

3 |

	6						2	7
			5	1				
7			8					9
5	4			7				
			4		8			
				3			8	2
3					2			1
				6	3			
6	9						3	

4

	1	9	2			5		
7				8		3		
	4		5					
3								
	2		1		7		8	
								1
				4		5		
		5		1				6
		2			6	7	9	

5

		9						2
			3	1		8		
2		8	6					
	5			2				1
			4		8			
6				9			4	
					6	4		3
		7		8	5			
1					2			

6

8				4		1		3
			5			7		
1	3							
			2		6		8	
5								4
	2		4		7			
							3	1
		2			4			
6		4		7				5

7

3			1					4
							9	
		2			9		3	
1			2			7		
		3				8		
		8			6			1
	1		4			2		
	5							
4					7			8

8 |

		1	9		5			
	9		2			6	8	
							4	9
				4		5		1
7		8		5				
5	6							
	4	3			8		7	
			1		6	4		

9 |

8					5		9	3
4					1			
	5				2			
9		8		1				
			6		7			
			2		4			7
			3				2	
		4						8
3	1		5					9

10

	4	5						
				2		7	9	
		6		3				4
					2	5	3	
	1						4	
	5	9	6					
4				1		3		
	6	7		9				
						4	8	

11

		8					1	3
			6			5		
1		7		9				
	5			3		6	9	
3	2		4				7	
			5			8		4
	5			6				
8	4					6		

12

			7	3		2		
	2			5			8	
7			4					
						6		5
6	3						4	7
1		8						
					9			3
	9			2			6	
		5		7	6			

13

3		2			8			
9	5				6			
			3	1	4			
						2	3	
8								9
	6	7						
		6	5	7				
			1				8	5
			2			9		1

14

								8
		3	9	7				
6				3			2	
8			2				7	
	7	9				2	4	
	1				7			9
	6			5				4
			4	2	9			
5								

15

						3		
			9				7	
		9		5			8	1
4	1			6				
	6			7			2	
			2				5	4
1	4			3		2		
	8				2			
		5						

16

		5	4	3			1	
1					2			
7								9
	8						2	
3								6
	2						3	
2								8
			9					7
	4			8	1	5		

17

		2		9				
	8		6					1
			1		6	8		
7								
	5		2		6		4	
								8
	6	9		7				
5					9		3	
				3		7		

18

	1				8	4		7
9	5							
		8		1				
	8	2						
7			4		6			8
						6	2	
				5		7		
							8	2
5		3	2				1	

19

	6						2	7
			5	1				
7			8					9
5	4			7				
			4		8			
				3			8	2
3						2		1
				6	3			
6	9						3	

20

8				4		1		3
			5			7		
1	3							
			2		6		8	
5								4
	2		4		7			
							3	1
		2			4			
6		4		7				5

21

3			1					4
							9	
		2			9		3	
1			2			7		
		3				8		
		8			6			1
	1		4			2		
	5							
4					7			8

22

8			6					
2								6
1	6			4		7		
6				7		9		
			2		8			
		4		9				1
		7		5			4	8
9								3
					1			2

23

		8					3	
2		9		6				
5			1		3			4
8					4	9		
		3	6					8
3			5		7			9
				1		6		2
	4					5		

24

3						2	7	
				5		1		
			8	6			4	3
4		3	2				5	
								1
6	8				7	3		
7	3			1	8	5		
		2		7				
	4	1						7

25

						3		
			2	8			6	9
			9				1	
		9	2				7	8
			7		1			
8	6					5	4	
	8					2		
1	2		5	6				
		4						

26

			5	6	7			
		1						4
						8	9	
	5		9				1	
3	9						7	2
	2				8		5	
	7	9						
8						6		
			4	2	3			

27

		4					8	7
					6			3
				7	2	5		
			5		3			9
2								4
6			7		1			
		3	2	5				
5				9				
7	8						1	

28

	4				6			
			1	2				5
		8		3				7
	7		2		5			
	9						1	
			3		8		4	
1				4		9		
2				5	3			
			7				6	

29

	7					6	9	1
					9		3	
			6	7	5			
				9				4
		6				2		
8				3				
			8	4	2			
	3		9					
9	1	2					7	

30

							3	
4	5	6						
			8	5	2			
		8			7			5
	1	9				7	6	
2			6			9		
			2	9	3			
						1	4	8
	7							

31

				9	1		3	
							4	2
8			5	2				1
2								6
			9		7			
1								5
5				1	3			9
4	6							
	7		4	8				

32

	8	9					5	
						1	3	
			5	7	4			
2			3	8				
6								5
				5	9			4
			1	2	6			
	5	3						
	6					8	7	

33

			9					8
9	2		6	7	3			
1								
					5			9
4	6						3	5
8			2					
								1
			5	3	8		6	7
5					4			

34

				5			8	
7			1			9		
6			4			3		
	1			9			5	
	8						7	
	6			2			4	
	9				6			8
	5				3			2
	4			1				

35

						9	3	6
	5	7						
			2	4	8			
6							2	7
			9		1			
2	3							8
			3	7	5			
						2	6	
4	1	5						

36

					8			3						
5						7	2							
2			6		7	9	8							
7	9				2									
	4	1				3	6							
			8				9	7						
	2	8	7		5			9			4	8		
	7	5					1	8		3		6		
3			9								8	3		1
						7						2	5	9
								3				4		
						5	4	1						6
						3		4	5					
								7		6			8	3
								2	9					4

37

3				8			1	7						
			6	9	2	4	5							
7		1			3		8							
9				5				4						
	8		9			5		1						
	2	4	8	6	1					4	1	6		
1	7			2				5	2				7	
											5	3		9
								3	6				4	5
							2			5			1	
						7	5				8	9		
						4		1	3					
							3				9	1		
								6	4	1				

38

6			2	3			9	7						
9	2			8		4								
				1		3								
						1								
	3		5	6	2		7							
		7												
		4		5					5	8				
		2		7			6	1		2		7	5	
3	8			2	9			4	3		1	2	8	
								7			4	8		5
							8						4	
						9		5	6			3		
							1	6	7		2	5		
							7	8		9		4	2	
											6			

39

7	5							6						
		9			3		8							
					1			9						
	1			4		2	7							
			1		8									
	4	5		2			9							
9			4				3							1
	8		9			1			8	5			2	
3							2	4			6			
						3	5		6	2	8			
										9				
									3	7	4		5	9
									9			7	3	
							9			6	1	2	4	
						5								

40

```
1 3 5 7 . . . . 2
. . 8 . . . . . 6
. 2 . . . 8 . 5
. . . 1 4 7 .
6 . 1 . . 4 . 7
. . . 2 6 9 .
. 6 . 5 . . 1 . . . 6 .
7 . . . . 3 . 1 . 4
5 . . . 3 9 7 4 . 3 8
            . 1 . 8 . 9 . 6
            . . 7 . 5 .
          . 5 . 2 . 6 . 8
            . 4 7 . 5 3 1
          . 2 . . 3 . . 9
            . 3 . . . 8
```

41*

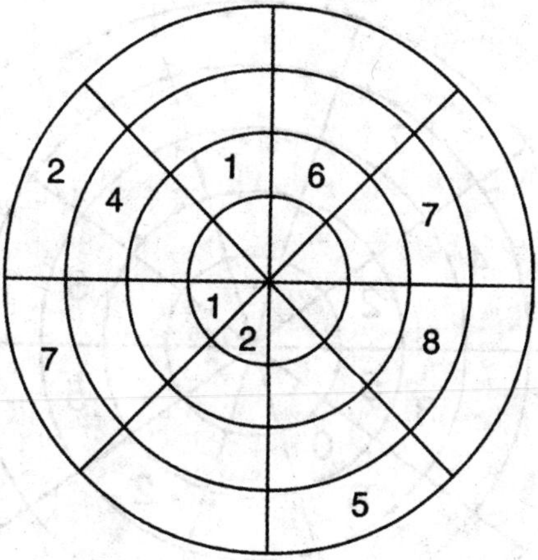

注释*: 此类题目遵循两条规则：1.在每个环内必须填入数字1至8、0至9或0至11，不能重复也不能少。2.每个扇形区域中的数字必须均为偶数或是奇数。

（圆环外圈：2 4 1 6 7；内圈：1 2 7 8 5）

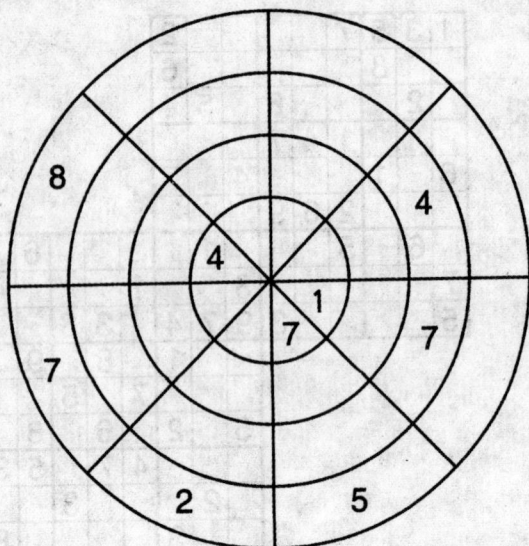

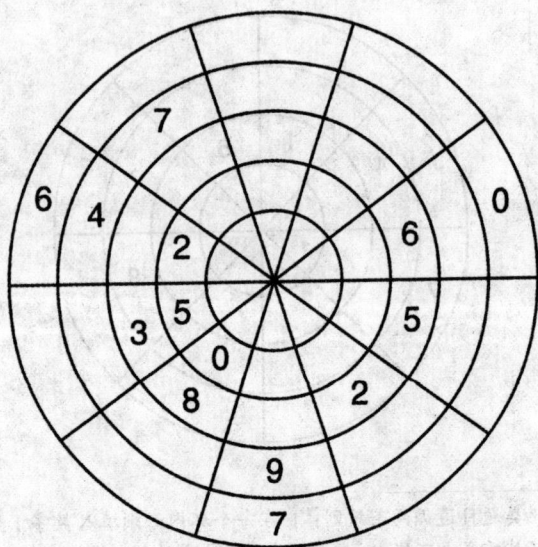

42

43

▶ 最强大脑 ▶
越玩越聪明的数独游戏

44

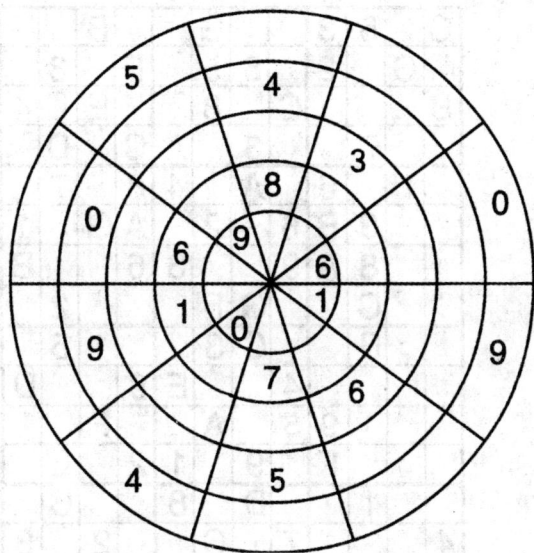

45

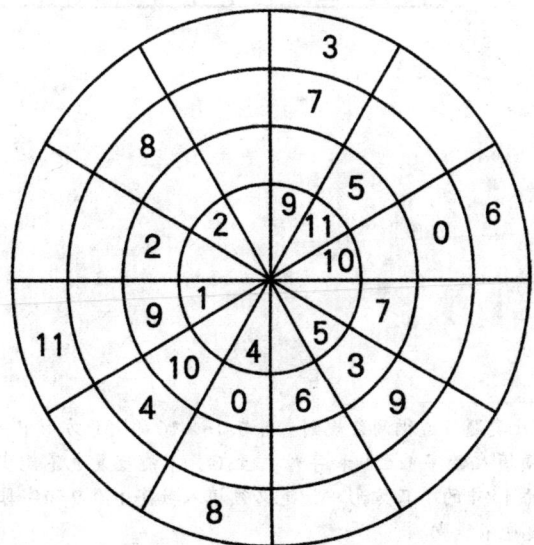

46*

C		5	3			G			B			A	D		8
	G		2		6	5		F		3		C		9	
B				C		8			E		4				5
		7			3		A	C		D			B		
			6		A		4	8		7		G			
		3	B	6		2		A	G		1	8	4		
		8	A	9			3	6			B	D	2		
		C			G	F				2			3		
		B			C	3			1	5			A		
				4			E	9			D	5			
			9	5		A			F			E	C		
			F		9		1	2		E		6			
		1			D		8			C			F		
4				7		C			2		3				6
	8				1		F	G		9	A			D	
3		9	E						4			2	7		G

注释 *：此类题目遵循两条规则：1. 在 16×16 的大正方形中，每一行和每一列都必须填入数字 1 至 9 和字母 A 至 G，不能重复也不能少。2. 在每个粗线隔开的 4×4 的小正方形中，也必须填入数字 1 至 9 和字母 A 至 G，同样不能重复也不能少。

47

C	5				6	2	4	B					8	G	
	9			C	4			2	E			7			
	B			9					7			D			
	6			D	A	3	1	C	F			E			
F	C		E			1	3					B		7	8
		9	3	B		5	2		8	F	E		D		
	B			F						5			2		
7			3	8		E				4	F	C			6
9			6	2				F		3	7	G			A
	3			C						2			1		
	2		B	7	5				D	1	3		9		
8	1		A				G	C				D		E	5
		A			G	3	B	F	5	4			8		
		G				A				2			3		
		8				1	2			9	3			F	
3	E					8	4	G	D					5	1

48

A			D			F			B			C			5
		7	2		9		5	8		1			B		
B			E	1		C			A		6	2			4
9	3													A	D
	B	A			4		E	1		6			C	5	
		1	7	6		B			9		C	A	4		
C			3	A	7			5	E	B	F				
	G			9	5				A	D				3	8
	A			B	E				G	3			4	2	
				7	2			6	9	8					B
	B	F	8		G			2				6	5		
	2	5			A		9	7					E	F	
3	C													1	6
F			B	E		2			1		4	5			
	6				F	3	A	D		2			4	8	
G			9			7			8			D			A

49

		7	1		G	8			D	3		5	B		
	8		F	4	7					E		2		D	
D	6									2	G	4		A	C
		2				D	6	F	4				1		
		3		7			8	4			9		C		
	9			G	A	5			F	B	C			3	
8			6		F		B	2		D		E			5
				E		2	C	8	1		3				
				2		E	F	1	7		4				
E			8		5		7	B		A					2
	2			8	C				5	9				1	
		G		D			9	C			F		E		
		4		5		C	1	E					7		
G	E		5									1	2	C	3
	B		3		2						5	D		4	
		1	7			9			A			F	6		

50

		6	E				A	8				D	4		
	8				C	1			7	4				E	
	1	B	G	D	5						E	7		C	
9			A	8			B	3			1	6	G		F
	B				3		D	4		6				7	
E		8				G			2				1		C
		1	4				5	7		9		2	F	G	
F	G			A	8					5	C			D	6
B	4			E	1					F	5			6	8
	C	9	5				2	D		7		F		B	
7		E				9			A				C		D
	6				F		C	E		G				A	
6			7	4			E	C			2	3	5		G
	E	C	D	5	7						9	A	B		
	9				2	F			5	D				8	
		5	8				3	G				C	D		

51

						1		
		2		7		8	9	5
			8	4	9			
8			6					
3								7
					5			4
			9	3	2			
4	1	3		5		6		
		5						

52

			4				2	
			6	1	3			
	5	9					4	
4			2					1
3								8
7				8				9
	2					6	7	
			5	4	8			
	4				7			

53

						8	2	
			7	8	6			
3								4
		4				5		8
		7	4		9	6		
2		1				3		
4								7
			2	1	5			
	6	8						

54

	3					5		
9	4	1					2	
			6	3	2			
				4		7		
8								2
		3		1				
			5	6	9			
	7					4	6	3
		6					8	

55

		6	1		8	7	2	
				9				8
	5		6		4			9
	2						3	
3			8		7		6	
1				5				
	9	7	3		6	4		

56

							2	
			6	8	1			7
4	7	9						
		5			9			
	4	6				8	7	
			3			4		
						5	6	1
3			4	2	5			
	9							

57

		7						5
		8				9	4	
			6	1	3			
1	9							
8			5		7			3
							5	2
			9	2	8			
	5	4				7		
3						6		

58

					4		6	
		4	7				8	
		5		9			1	
2			4					7
6								1
1					3			4
	7			1		5		
	9				6	2		
	3		8					

5			1		8		7	
						6		
4	3	9						
				9		8	4	
		7				2		
	1	4		5				
						7	5	3
	2							
	5		7		6			2

		1				9		
		2						6
8			7	3	2			
6		3						4
			2		1			
5						2		8
			9	4	5			3
9						7		
		8				6		

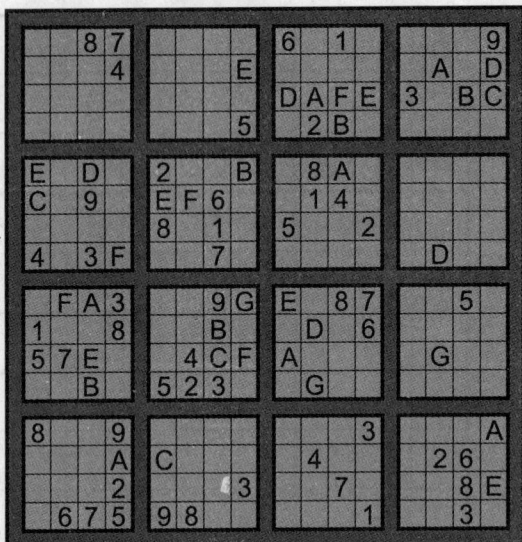

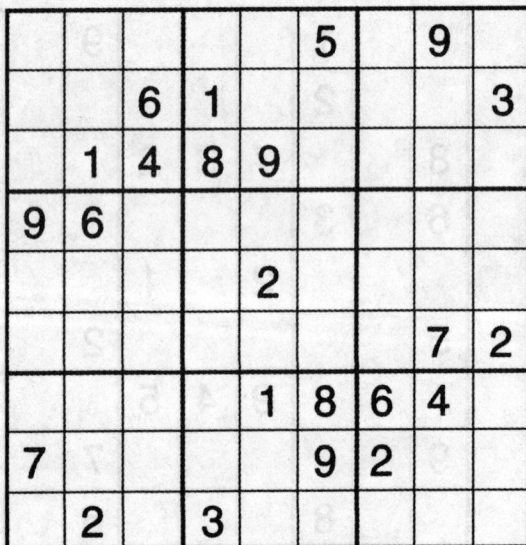

▶ 最强大脑 ▶
越玩越聪明的数独游戏

	1							8
6	3					4		
		5	7			6		
			6				3	
			2	3	9			
	5				1			
		8			4	3		
		2					9	5
9							2	

64*

	P					E	A	
		R			S			
A		D		O	P		T	
E	R	I		S				
					O	D		
					A		I	E
T		O					P	I
			P					
					D		S	R

注释 *: 此类题目需要在每个格子里填上字母S、P、A、R、D、E、I、O和T，使得这九个字母在每一横行、每一竖行，以及每个3×3的小正方形中分别出现一次。

65

Grid A (top-left 9×9):

```
. . . 3 . 4 . . .
5 . . . 1 . . . 3
7 2 . . . . . 8 1
1 3 . 9 . 5 . 7 4
. . . . . . . . .
2 9 . 4 . 8 . 5 6
9 7 . . . . . 3 2
8 . . 7 . . 5 . 9
. . . 8 . 9 . . .
```

Grid B (bottom-right 9×9, top-left block overlaps Grid A's bottom-right block):

```
. 3 2 1 . . 7 4 6
5 . 9 . . 6 . 9 .
. . . . . 2 . 9 .
. . . 9 . 2 . . 1
. 6 8 . . . 3 9 .
7 . . 6 . 8 . . .
. . 4 . . 8 5 . 3
1 . . . 9 . . . 2
3 8 5 . . . . . .
```

66

Grid A (top-left 9×9):

```
. 3 . 4 . 6 . . .
. . 2 . 7 . 1 . .
. . . 6 . 4 8 . .
. 3 . 8 . 7 1 . .
. . 5 . . 3 . . .
2 . 7 . 3 . 4 . .
. 8 6 . 1 . 5 . .
. 9 . 3 . 2 1 . 8
. . 2 . 8 . . . .
```

Grid B (bottom-right 9×9, top-left block overlaps Grid A's bottom-right block):

```
5 . . 8 . . 1 . .
1 . 8 3 9 7 . . .
. . . . 7 2 . . .
. 1 2 8 4 . . . 3
. . . . 9 . . . .
3 . . . 5 4 6 . .
. . 1 3 . . . . 4
6 . 5 4 7 . 8 . 2
. 2 . . 6 . . 7 .
```

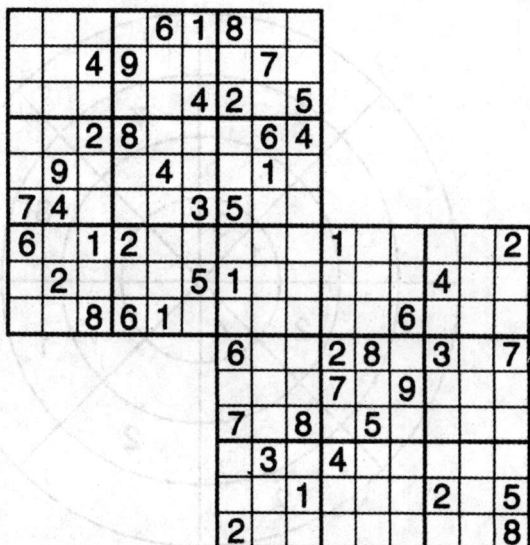

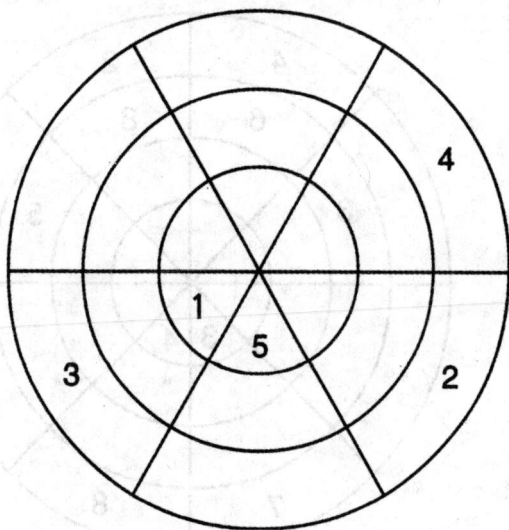

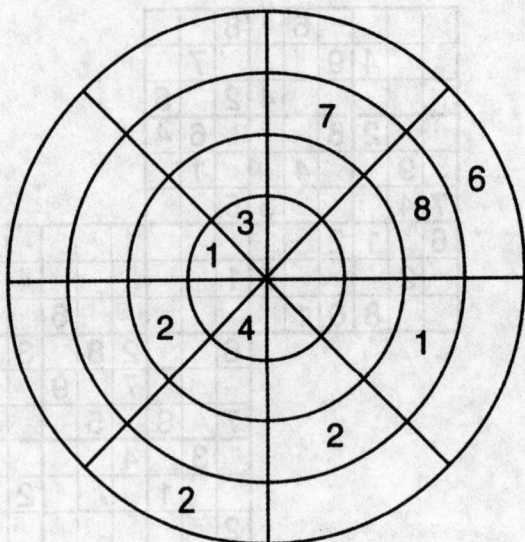

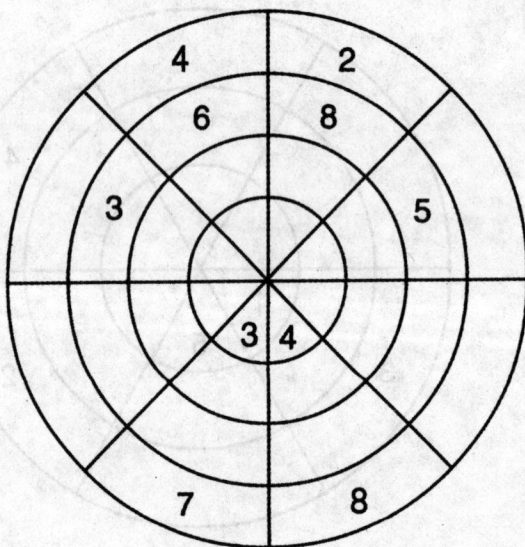

▶ 最强大脑 ▶
越玩越聪明的数独游戏

71

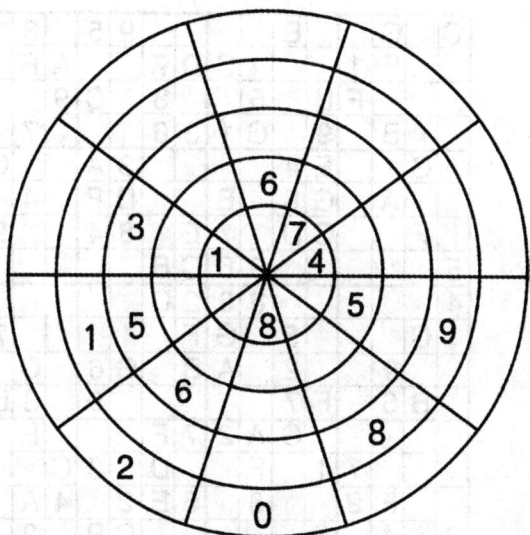

72

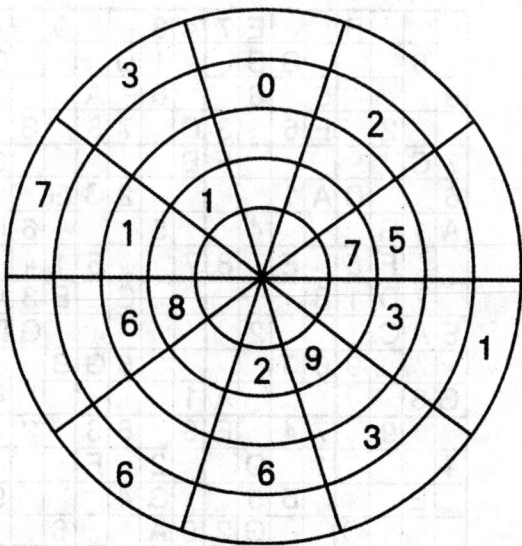

73

C		G			E					9	5		8		B
		E	1			4	C	D	7			A	F		
			F	B		5			8		C	9			
		B		9		G	1	3	6				7		
	G	1		E	4					3	A			C	
		A		G	8		B			D	F		4		
	F			C	D		7	E		8	4			9	
5						9	6	C	B						3
4						8	9	2	C						6
	C				5		G	F		1				7	
		9			2		A	B		G	6		C		
	B	6		F	7						9		3	D	
					G	A	2	7	F				E		
			7	1		F			D		3	G			
		F	9			6		5	E	2		4	A		
3		4		5						C	B		2		7

74

			B			E	7	4	3			9			
	6				G	B			1	D				C	
9				5		8			6		A				F
		2		F	6		3	C		7	8		B		
7	C						F	B						8	D
6			D	A	1					2	C	G			3
A	1	G				4			5				6	F	C
		F	5		E		8	7			6	1	4		
	7	D	1	B						C		E	3	A	
E	A	C				2							G	D	5
			9	6	3					5	G	B			8
G	8						A	1						4	9
		9		7	4		E	8		6	3		2		
4				1		D			2		F				G
	E				B	5			G	4				9	
			C			G	2	9	A			6			

75

6		G								9	C	2		4	
	7		F	6			4	3			A	1		8	
B	4	E			3			F			9	A	D		7
			D	1						B	3				
			9	B				1	7						
D	F	3				G	4		B			7	C		6
	5		9		3		6	G	8			2			
	A		G			4			6			8		F	
A	1		3			B			G			D		2	
		7		6	9	E	C	4	8					1	
8	C	9			7		2	F		D			4	5	
			3	8					A	2					
		4	8						5	A					
	9	A			1			2			4	6		D	
	8		E			B				F	G		5		
7			C	5								8	9	E	

76

C			B	9		F			8	5				D	
D	G			3		C	7		F				E	B	
	F		B		A	4		D		E			7		
		E	2			D			A			3	F		
	C	4		A		F	1		G		7		3	2	
		F	1	4			D	5			E	6	C		
	5				3	2	6	C				9		F	
A			3		G			2			4				8
F			E		9			5			8				6
	6		8		5	E	4	D			A		9		
		3	5	C		A	9			8	E	D			
	2	D		3		6	8		E		F		G		
		2	C		A			F				1	5		
	9		7		F			E	6	5		D		C	
4	D				8			1		C			A	G	
1				6	5		7	2		4	D				3

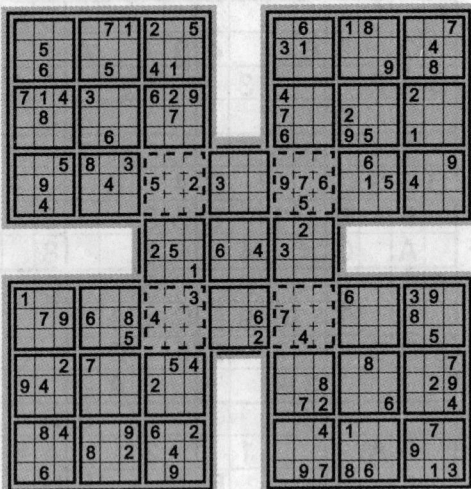

77*

78

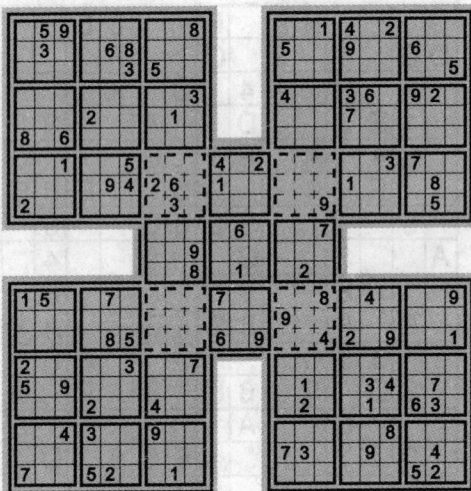

注释*：此类题目中，虚线区域的小方框共属于两个有重叠部分的大方框。

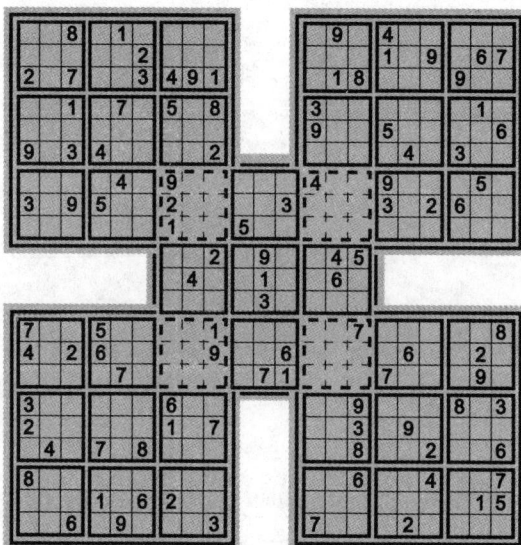

高级篇：成熟高手

1*

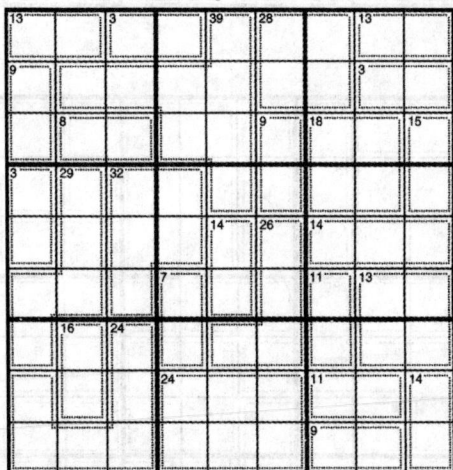

注释 *：此类题目遵循三条规则：1. 在 9×9 的大正方形中，每一行和每一列都必须填入数字 1 至 9，不能重复也不能少。2. 在每个 3×3 的小正方形中，也必须填入数字 1 至 9，同样不能重复也不能少。3. 每个虚线隔出的区域中的数字之和等于该区域右上角或左上角给出的数。

2 |

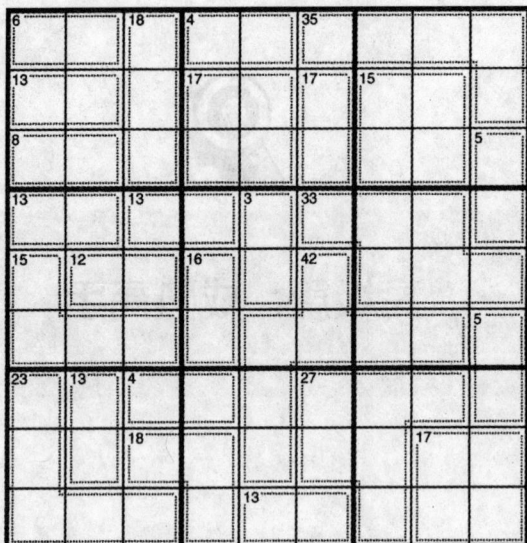

3 |

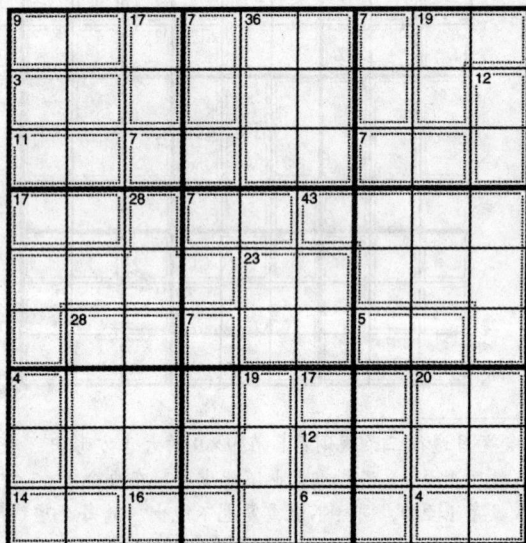

4

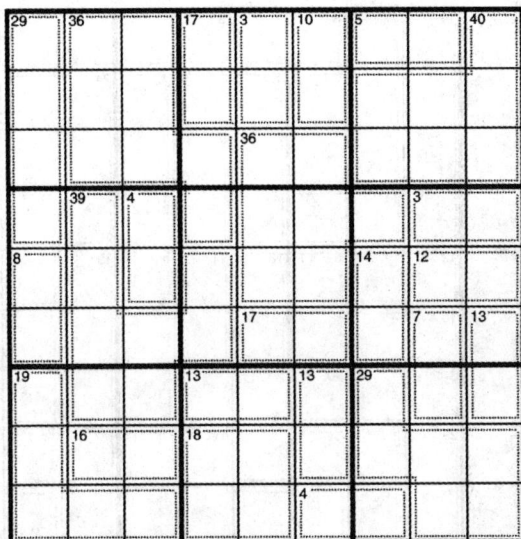

5

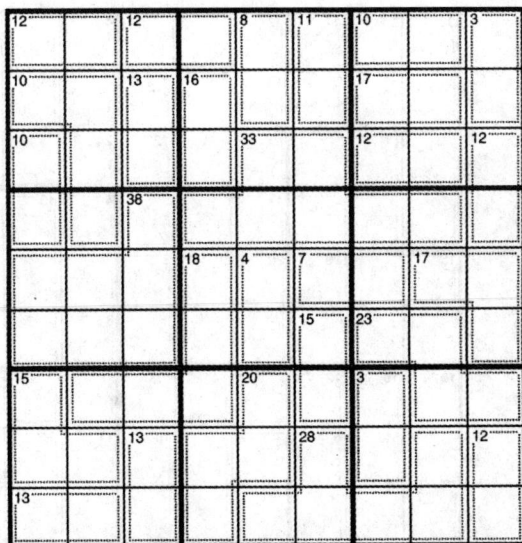

6

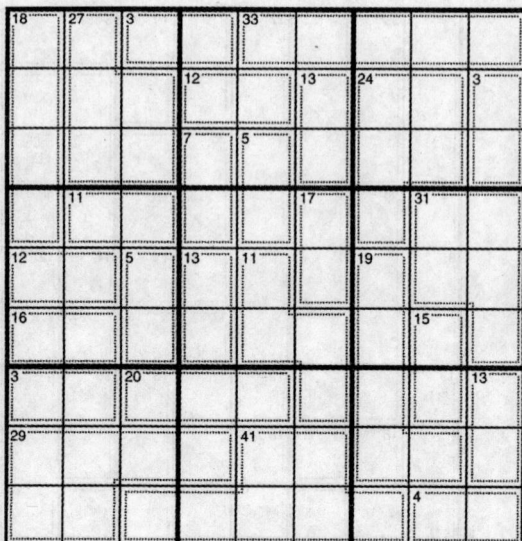

7

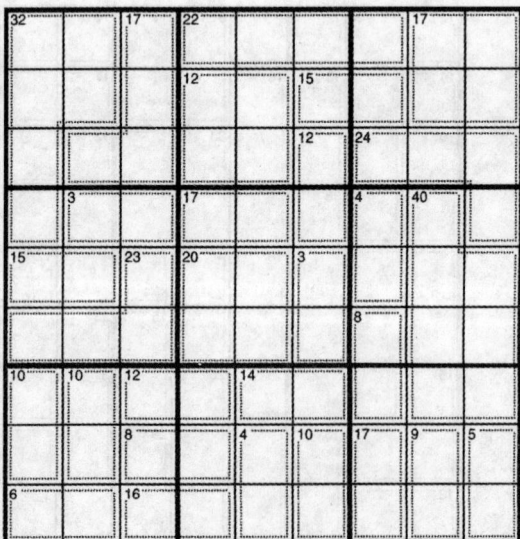

▶ 最强大脑 ▶
越玩越聪明的数独游戏

8

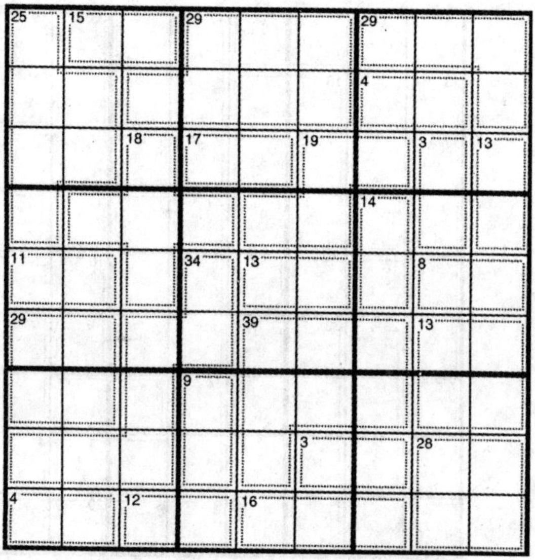

25	15		29		29
					4
		18	17	19	3	13
					14
11			34	13	8
29			39		13
			9		
				3	28
4		12		16	

9

3	43		36		
			25		7
28	15			14	3	18
		12			
		17	15	5	22
		27			
27	11		4	14	
			18		12
			29		

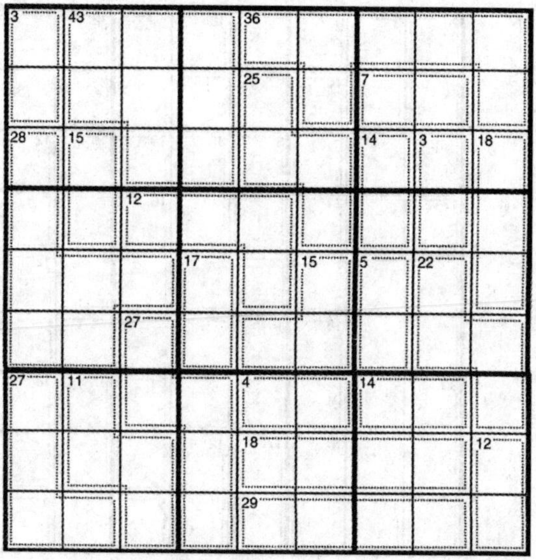

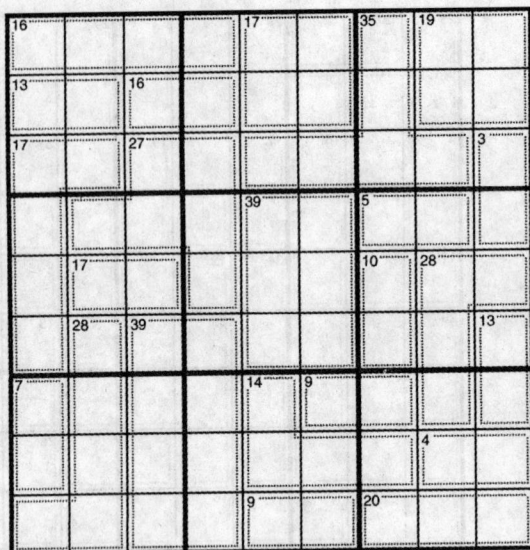

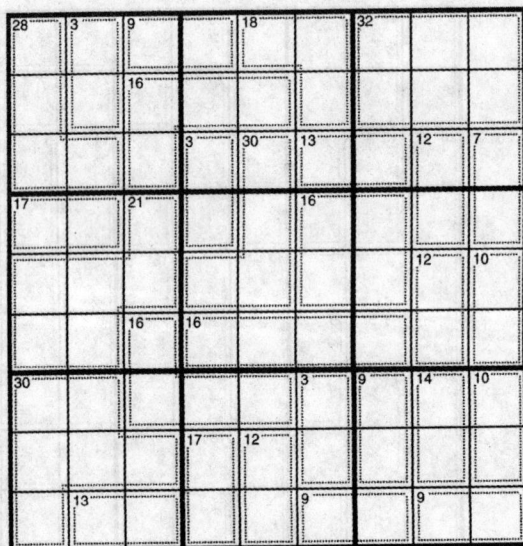

10

11

▶ 最强大脑 ▶
越玩越聪明的数独游戏

12

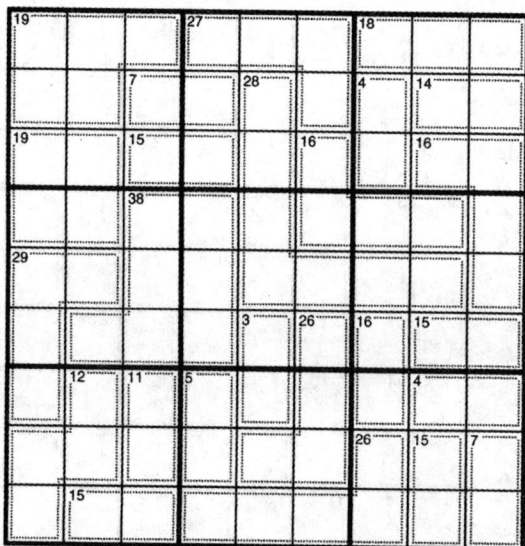

13

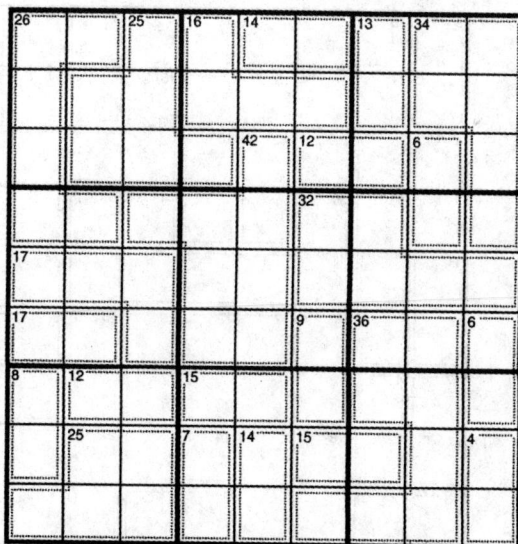

14

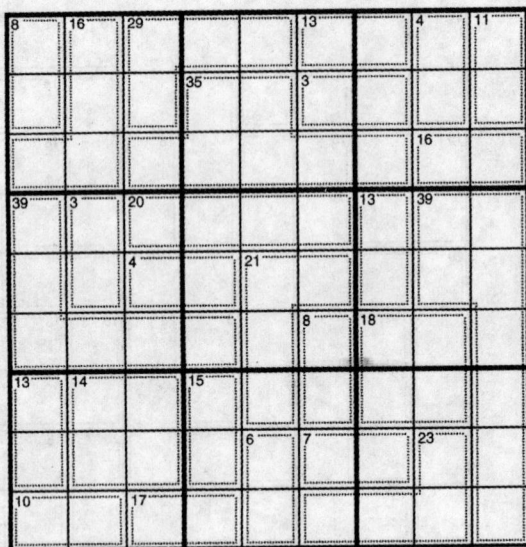

15

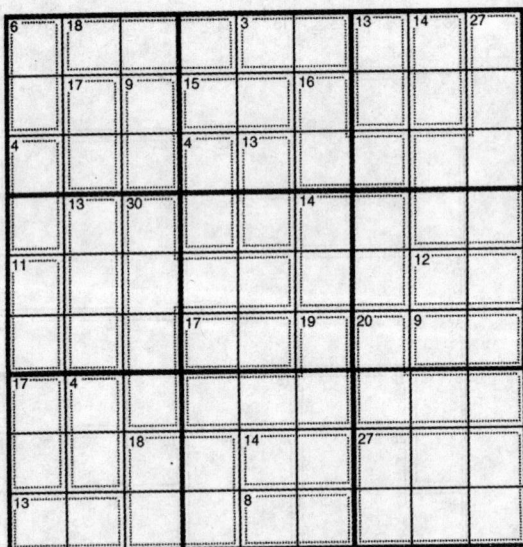

16

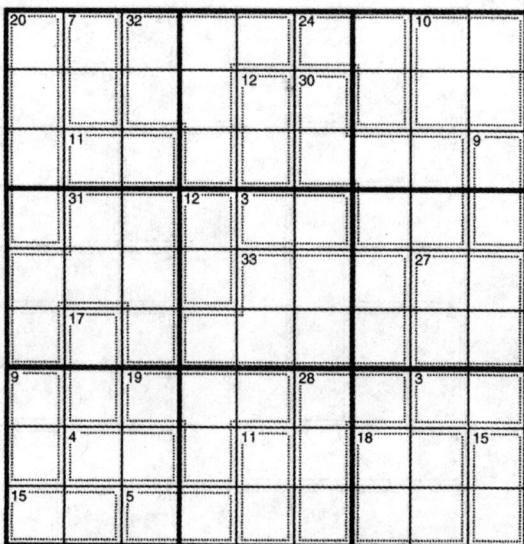

17

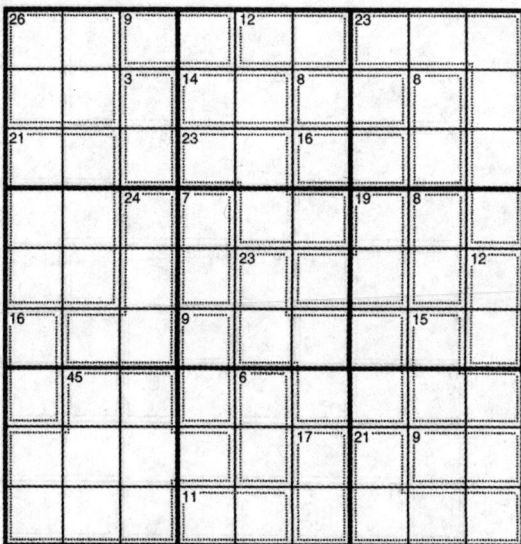

18

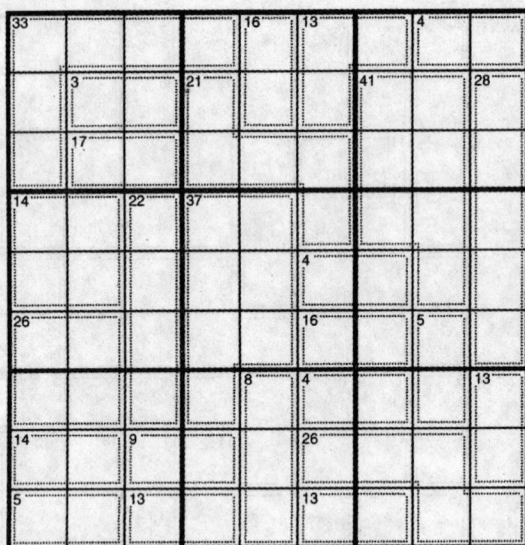

19

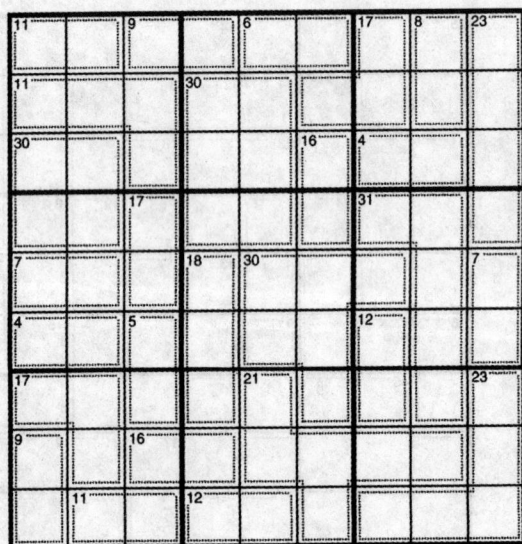

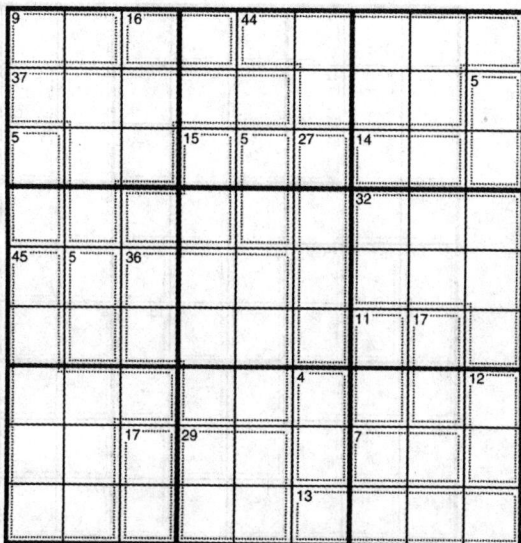

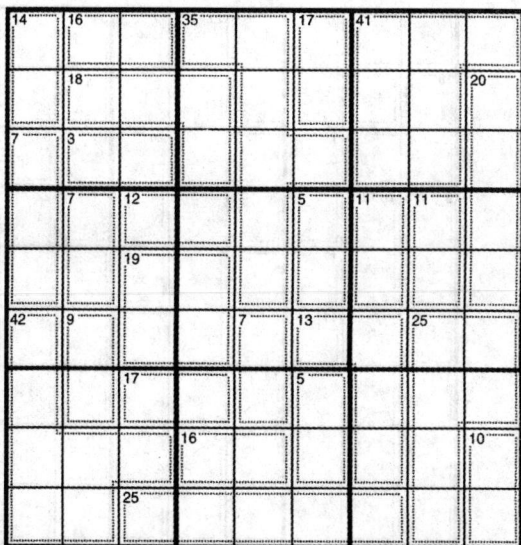

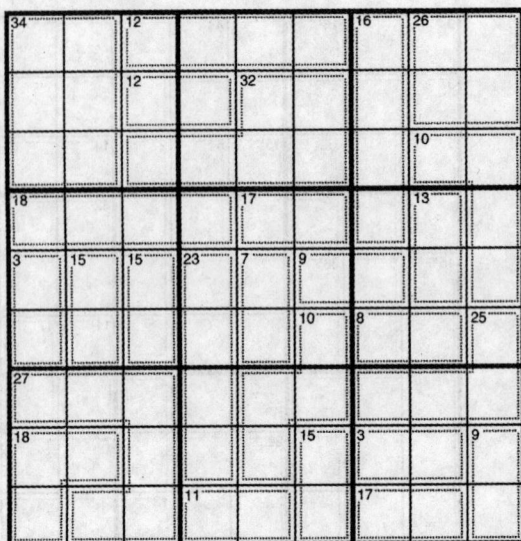

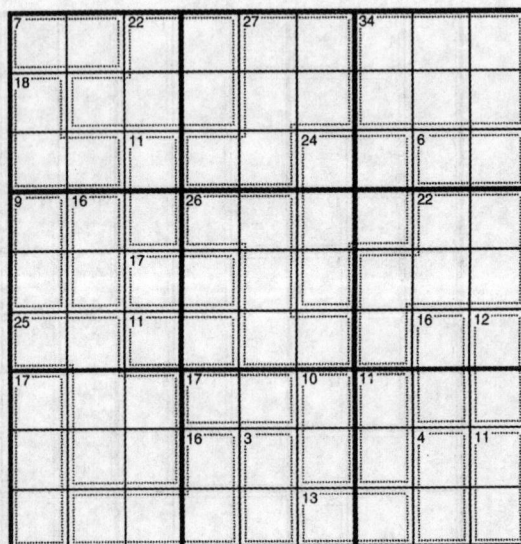

▶ 最强大脑 ▶
越玩越聪明的数独游戏

24

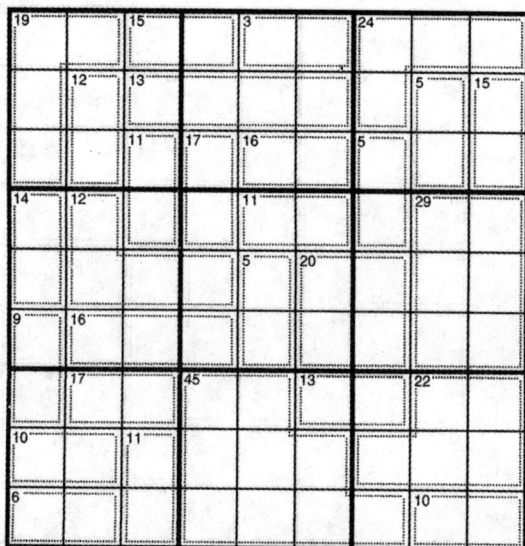

25

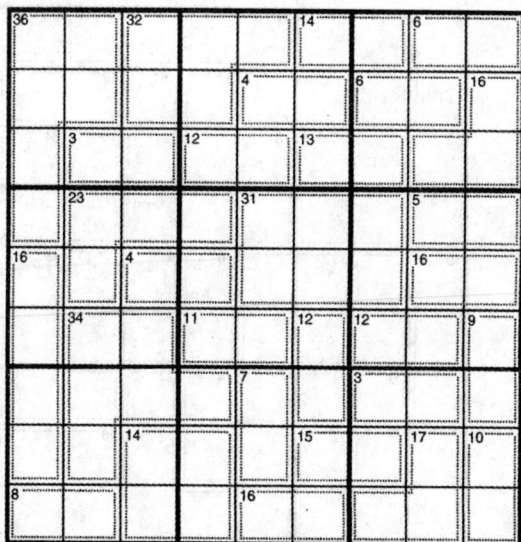

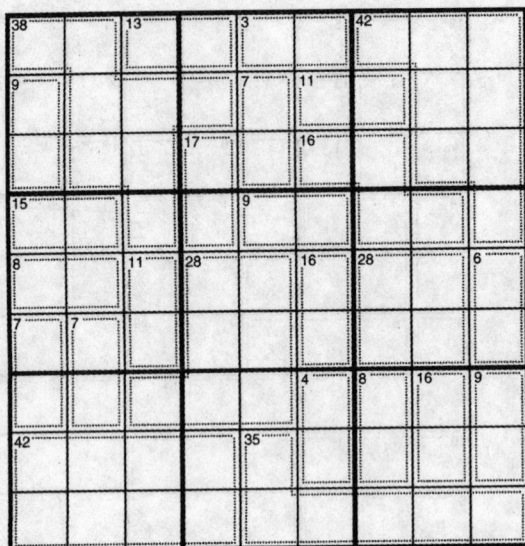

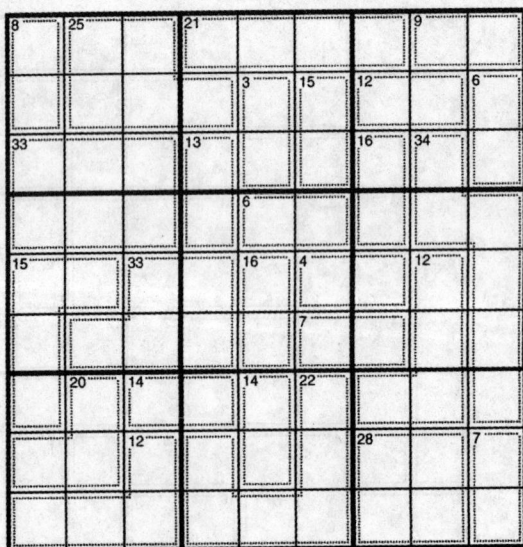

26

27

28

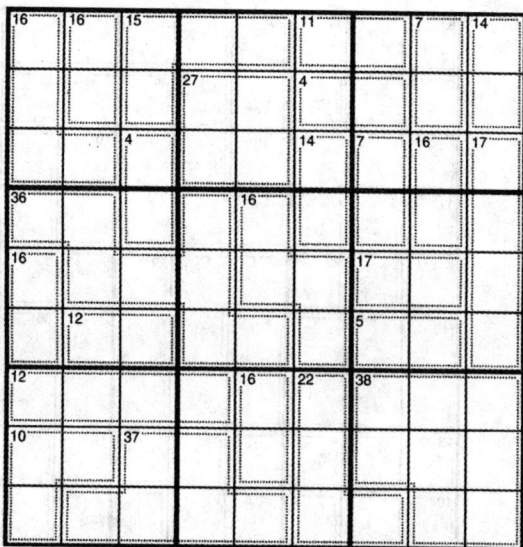

29

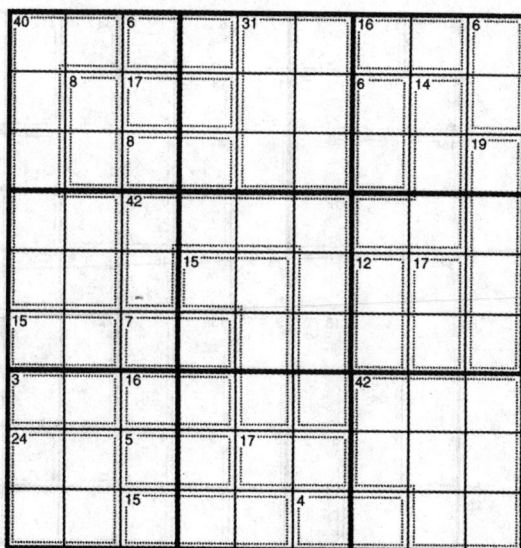

30

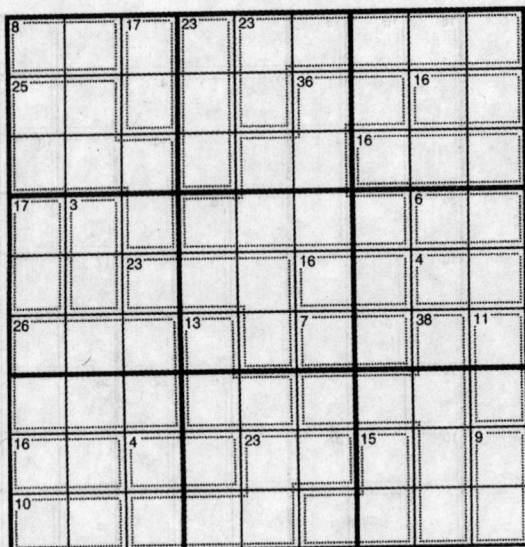

31

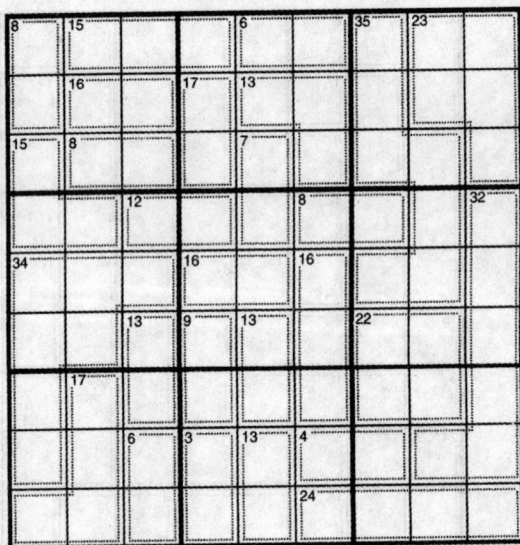

32

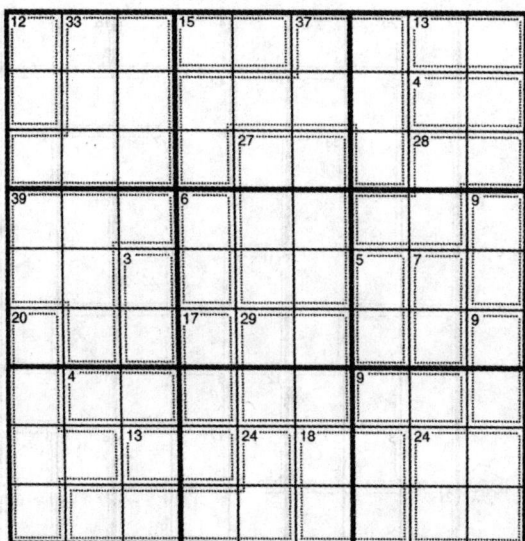

33

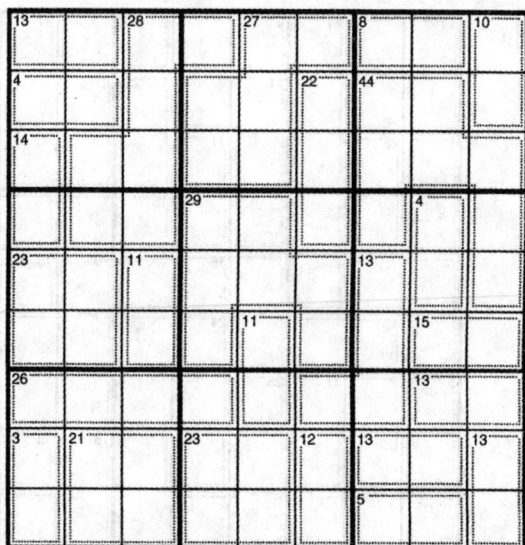

34

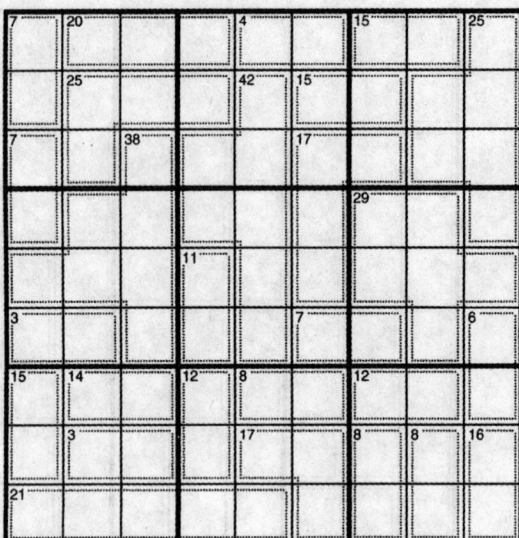

35

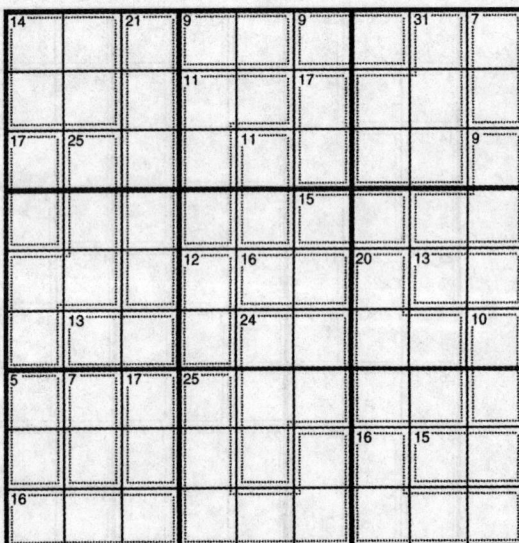

▶ 最强大脑 ▶
越玩越聪明的数独游戏

36

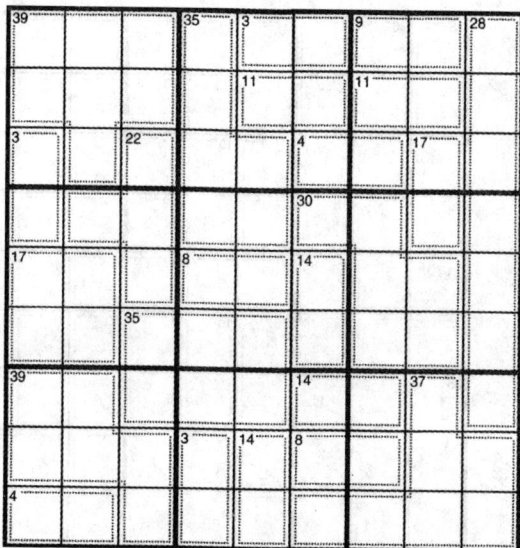

37

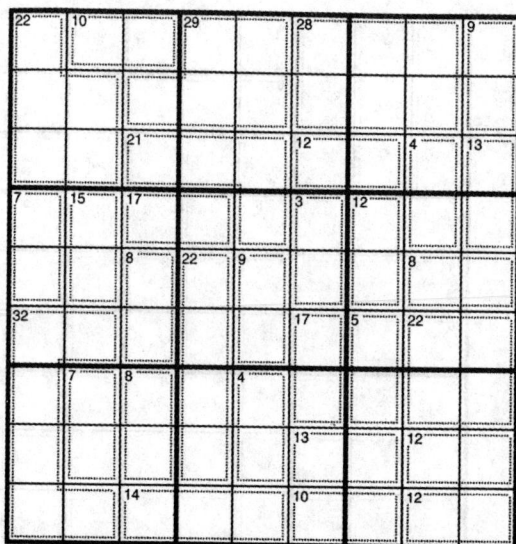

38

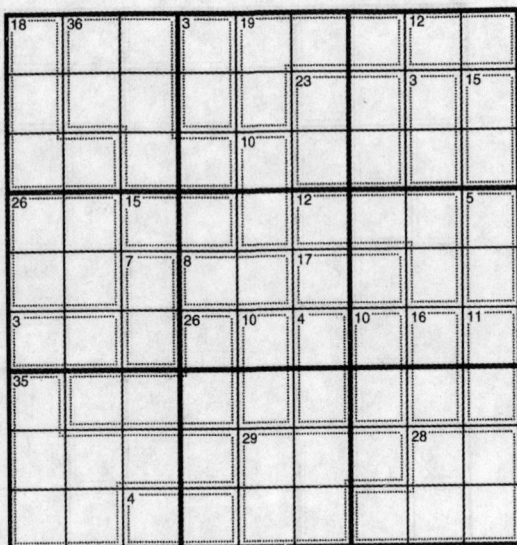

39

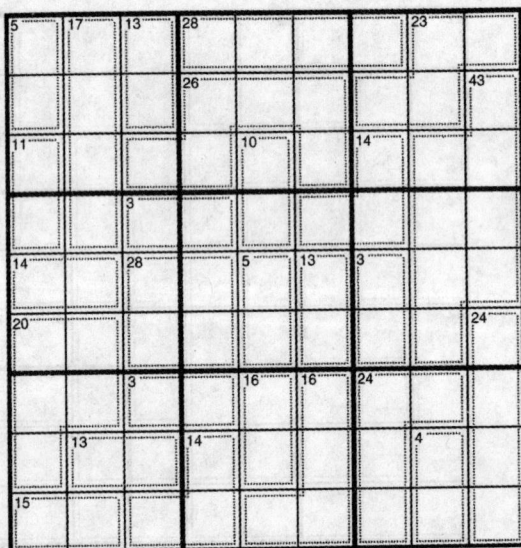

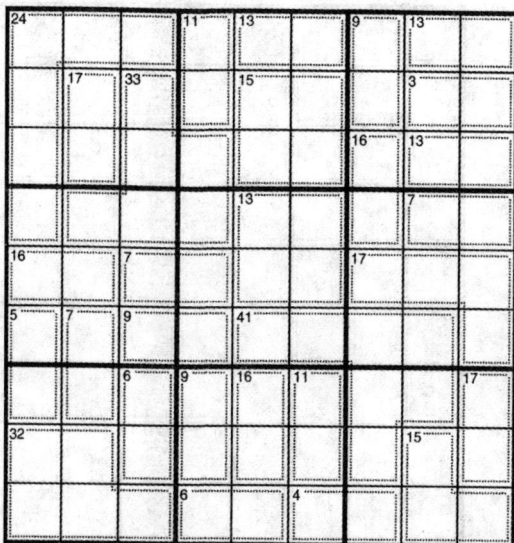

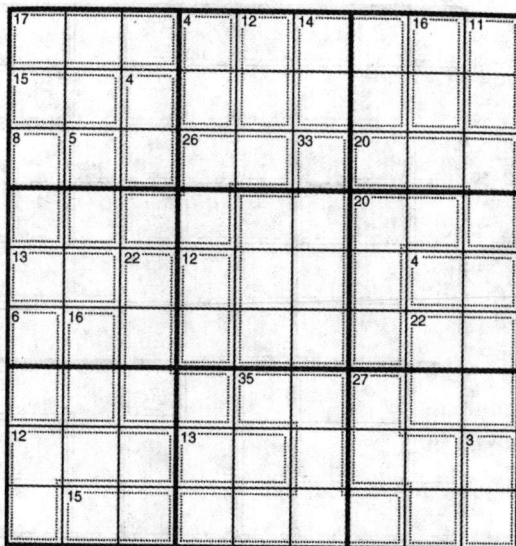

42

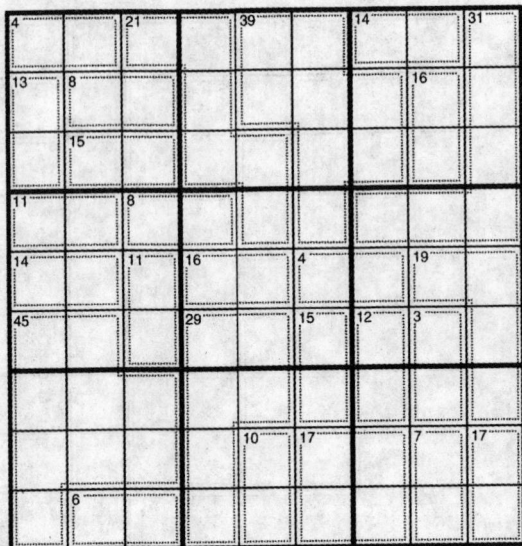

43

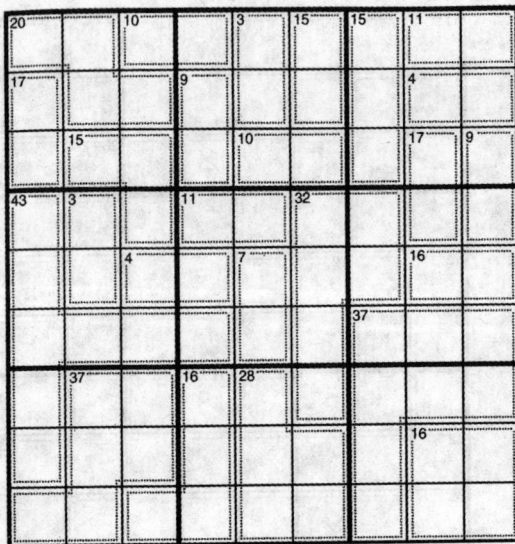

▶ **最强大脑** ▶
越玩越聪明的数独游戏

44

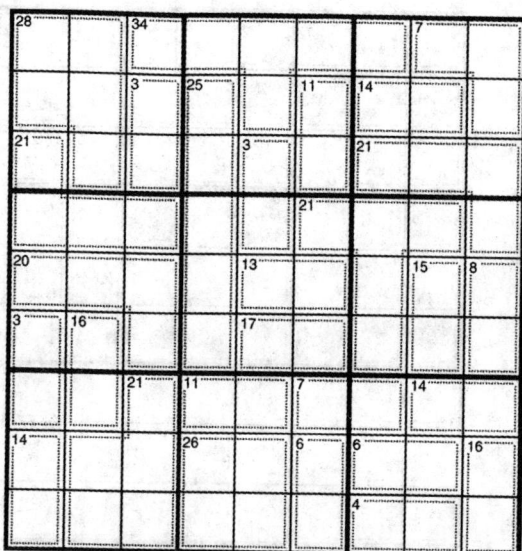

45

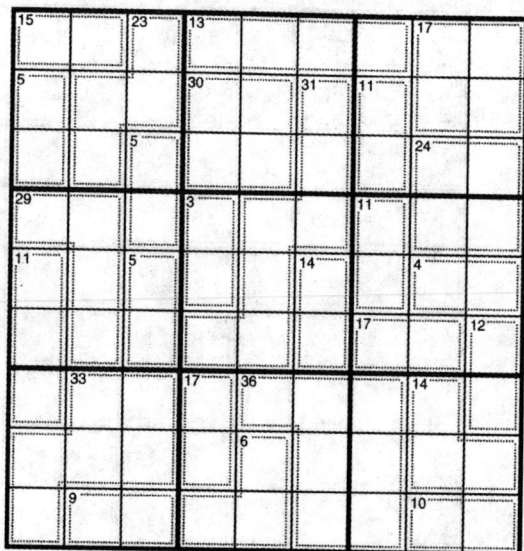

46

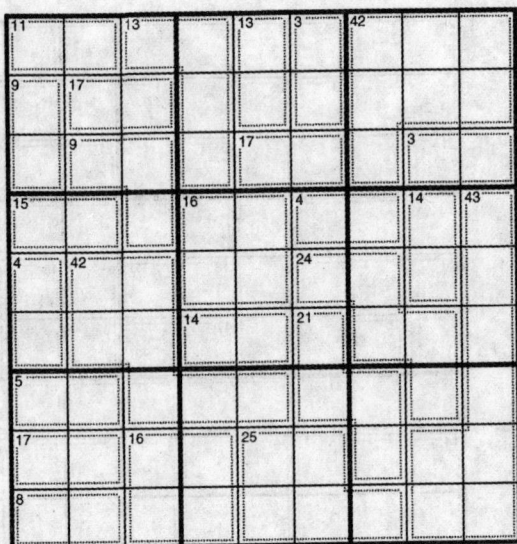

47

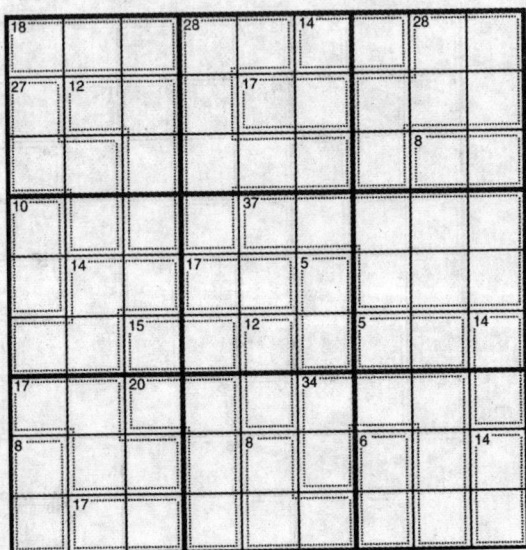

▶ 最强大脑 ▶
越玩越聪明的数独游戏

48

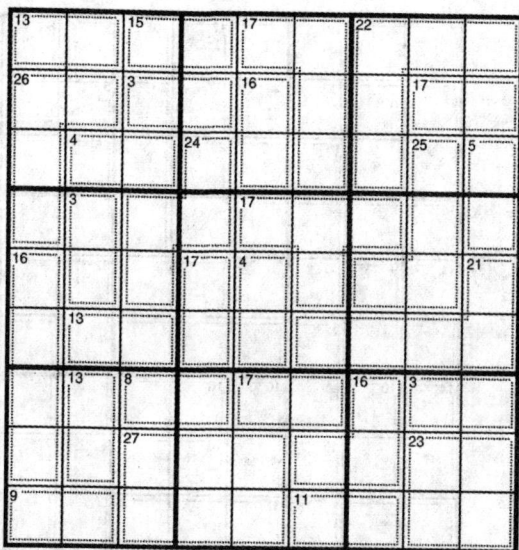

49

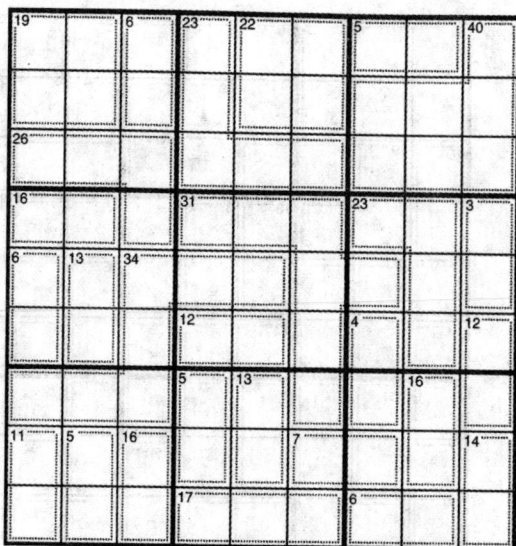

50

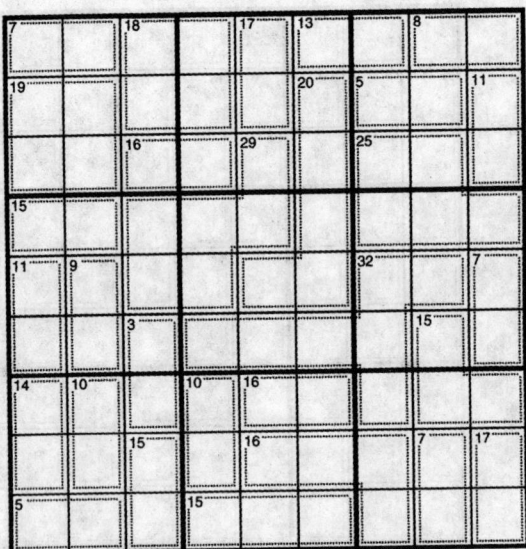

51

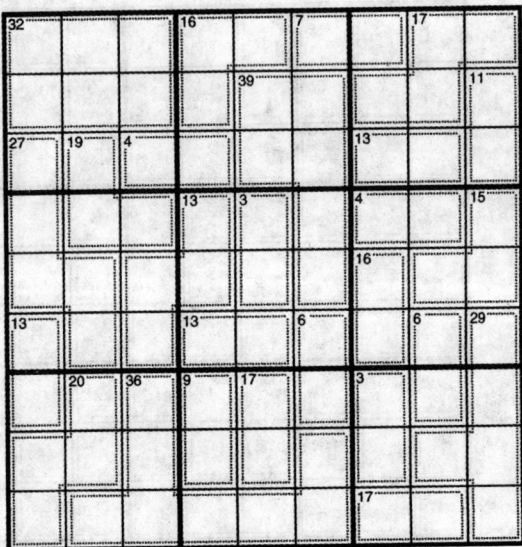

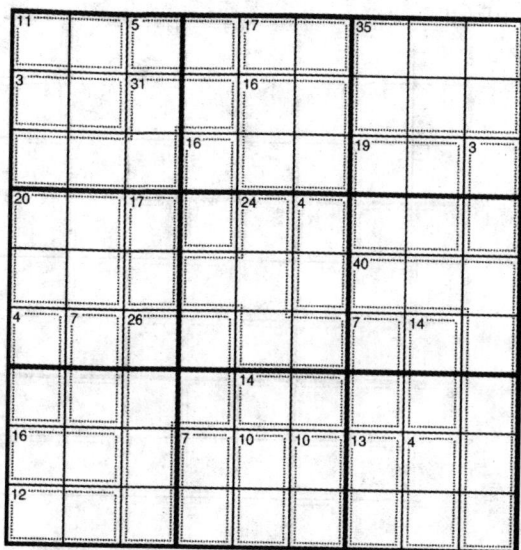

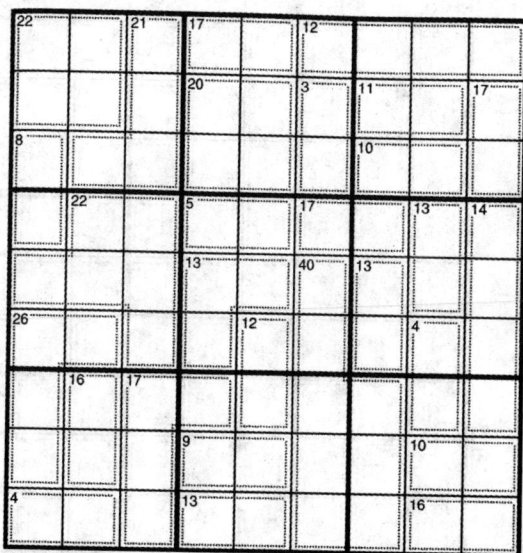

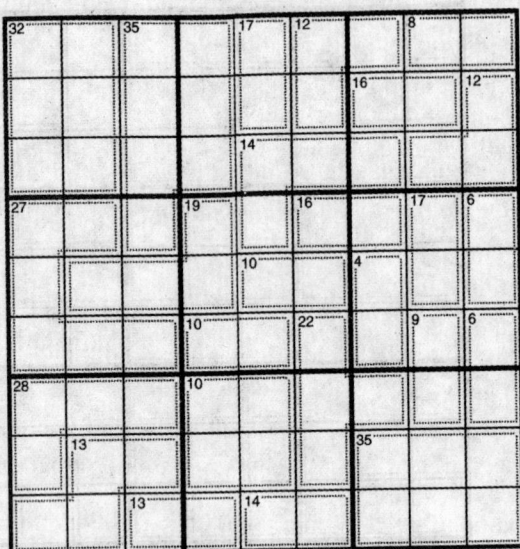

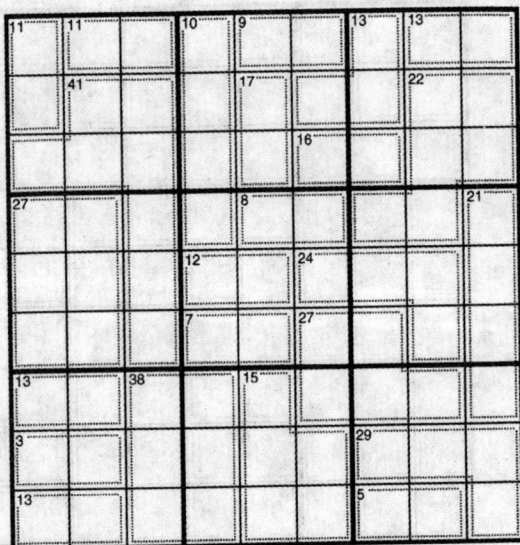

▶ 最强大脑 ▶
越玩越聪明的数独游戏

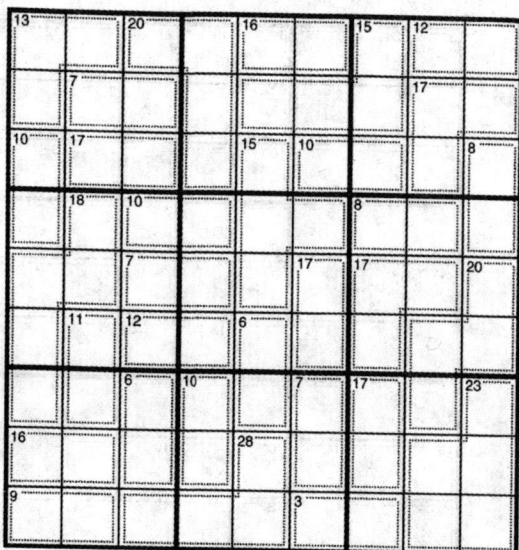

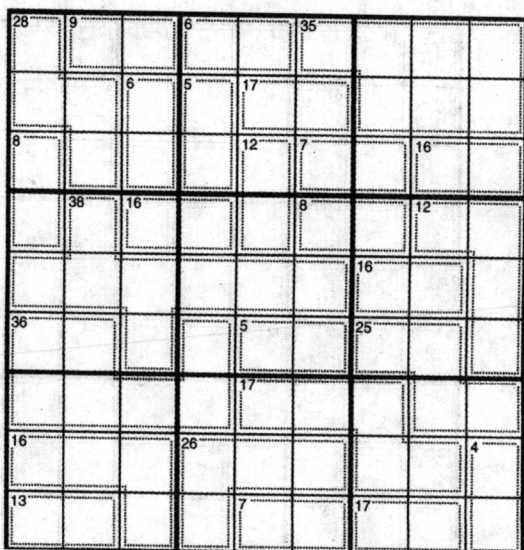

58

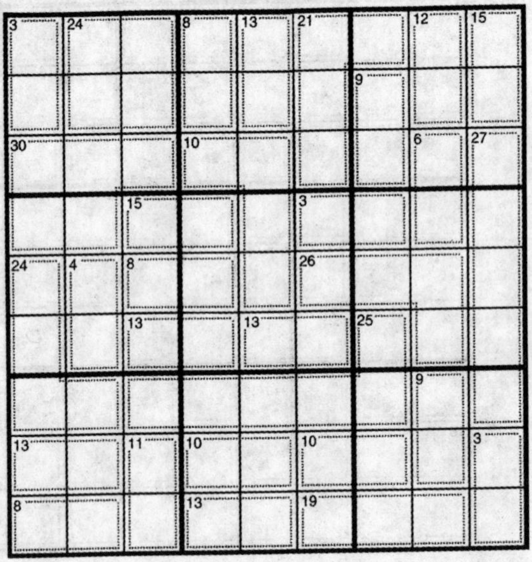

3 24 8 13 21 12 15
9
30 10 6 27
15 3
24 4 8 26
13 13 25
9
13 11 10 10 3
8 13 19

59

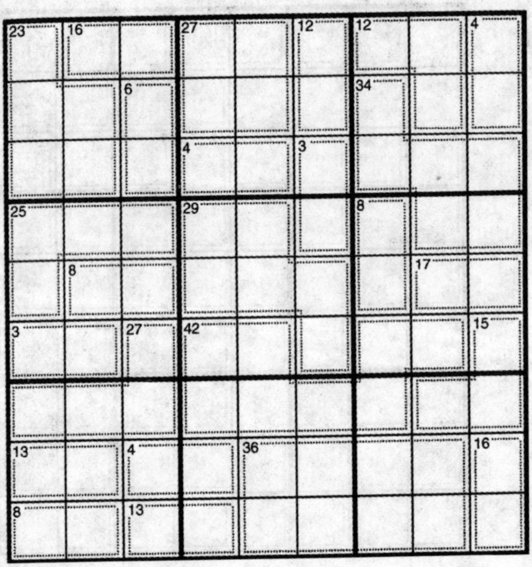

23 16 27 12 12 4
6 34
4 3
25 29 8
8 17
3 27 42 15
13 4 36 16
8 13

▶ 最强大脑 ▶
越玩越聪明的数独游戏

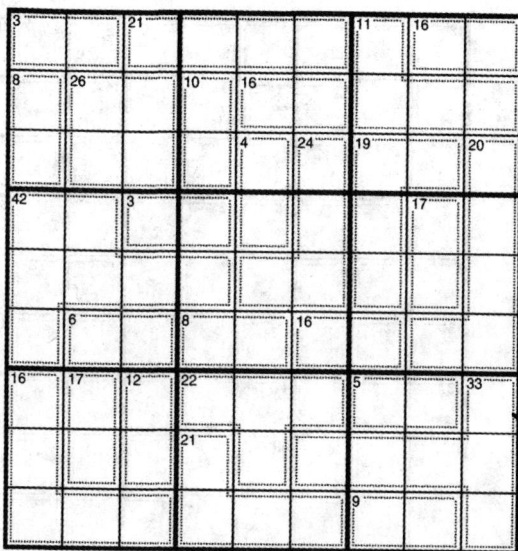

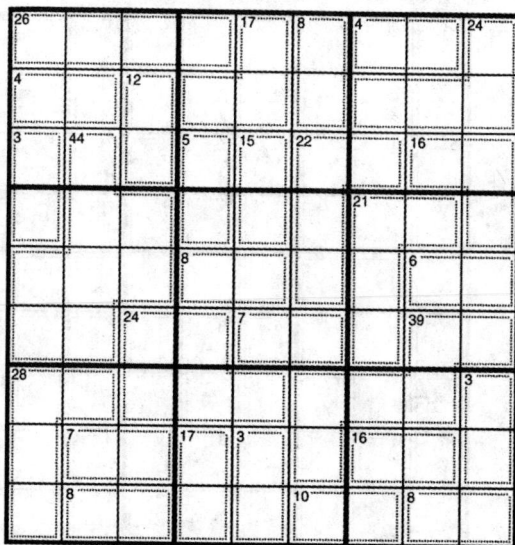

62

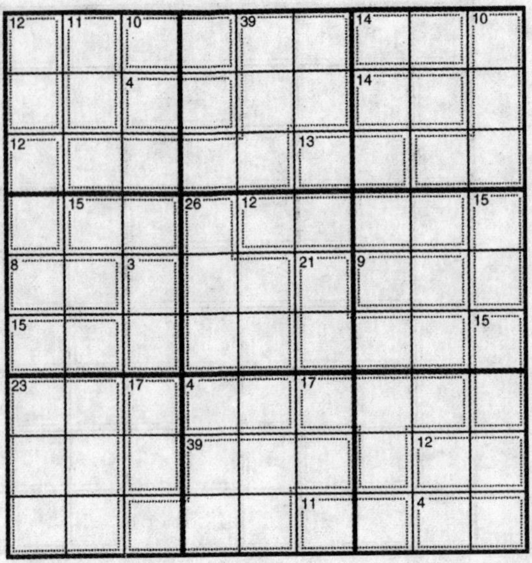

```
12  11  10      39      14  10
        4               14
12          13
    15      26  12          15
8   3           21  9
15                          15
23      17  4       17
            39          12
        4       11      4
```

63

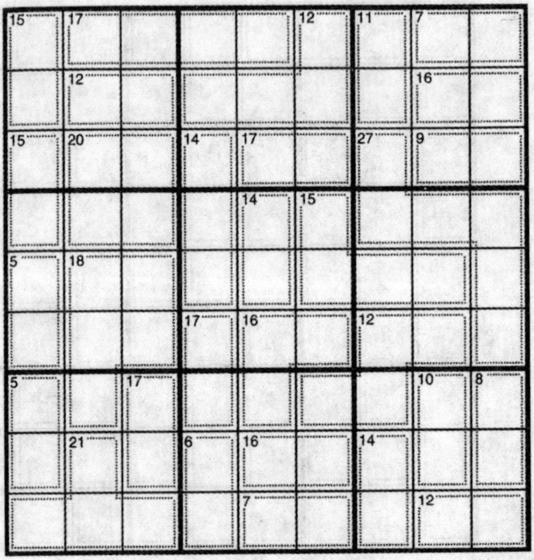

```
15  17          12  11  7
    12                  16
15  20  14  17      27  9
            14  15
5   18
        17  16      12
5       17          10  8
    21      6   16      14
                7       12
```

▶ 最强大脑 ▶
越玩越聪明的数独游戏

64

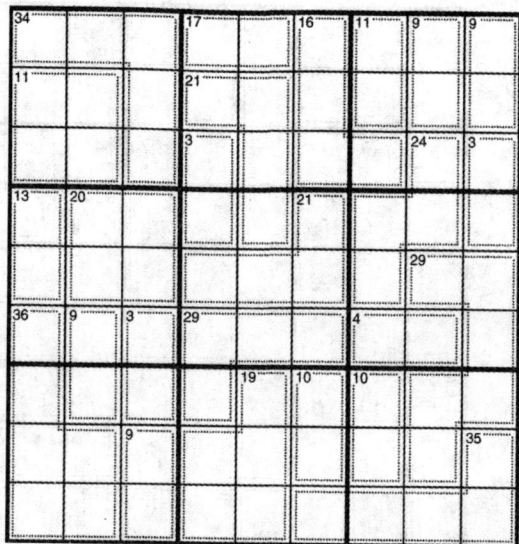

65

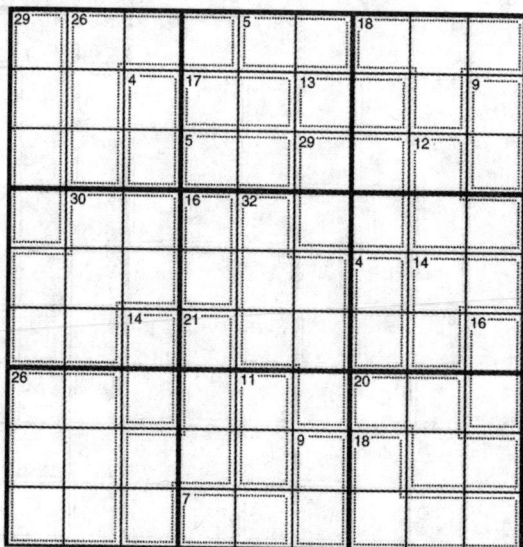

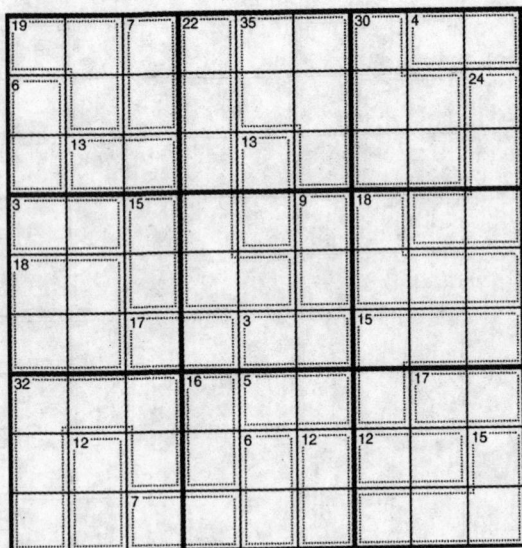

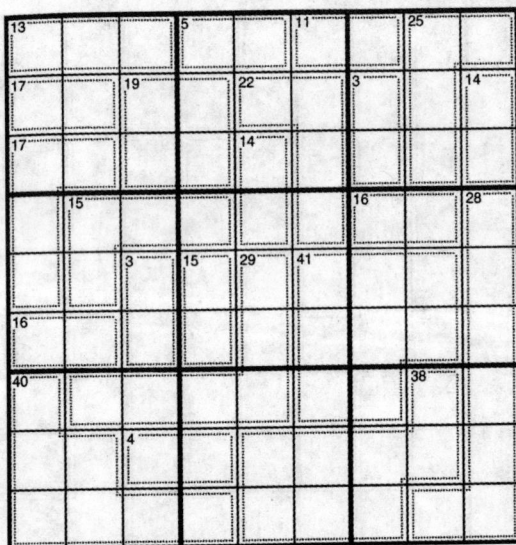

▶ 最强大脑 ▶
越玩越聪明的数独游戏

68

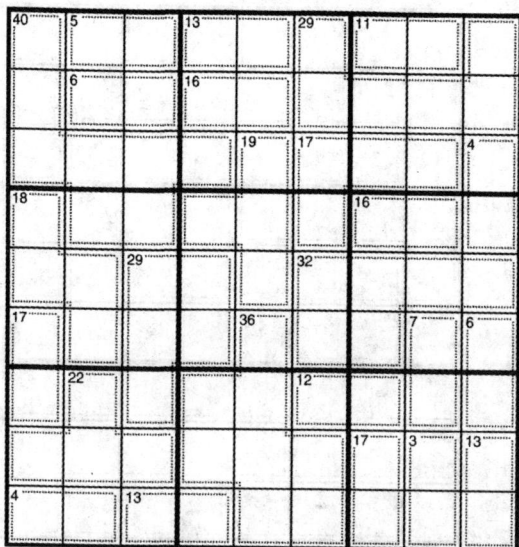

69

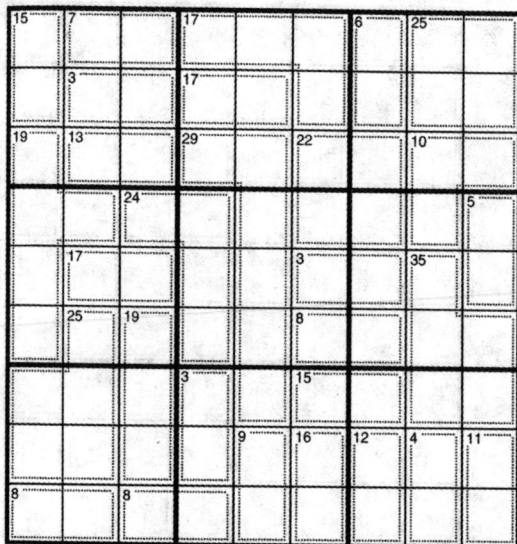

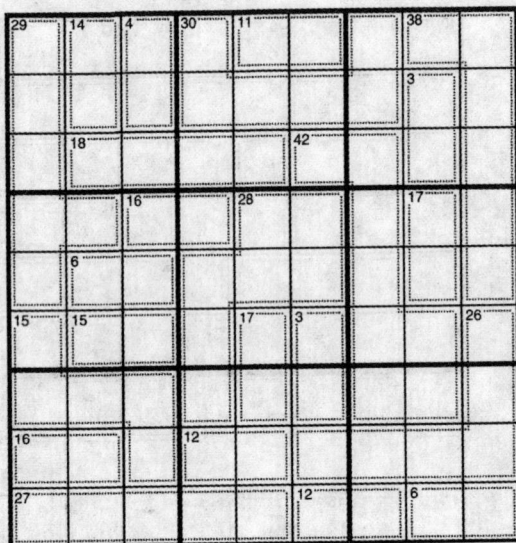

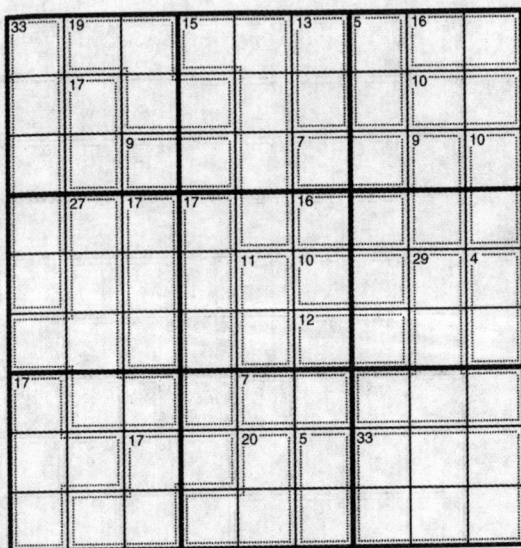

▶ 最强大脑 ▶
越玩越聪明的数独游戏

72

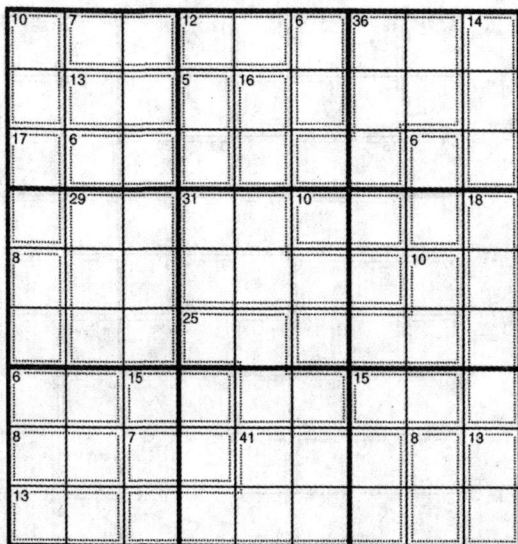

73

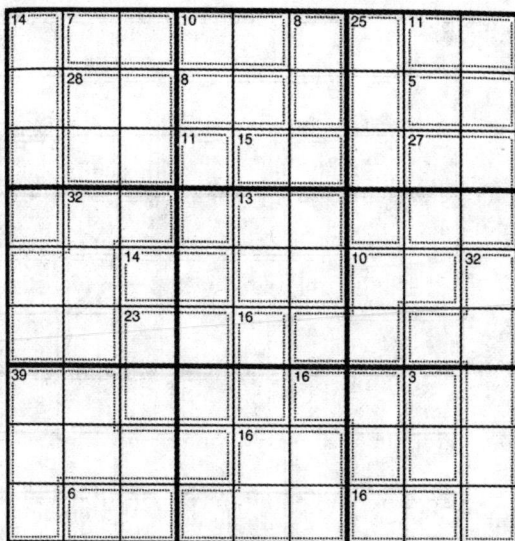

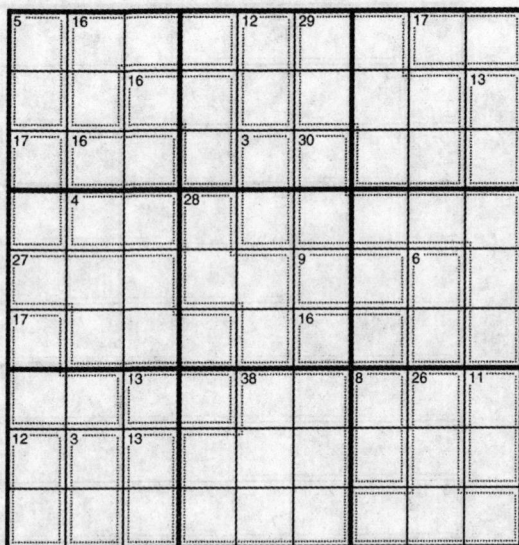

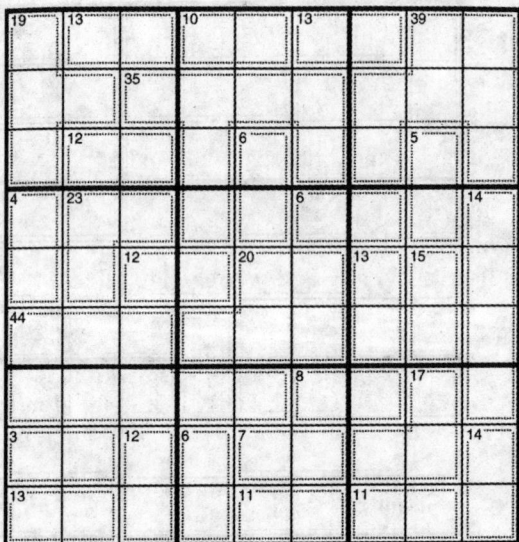

▶ 最强大脑 ▶
越玩越聪明的数独游戏

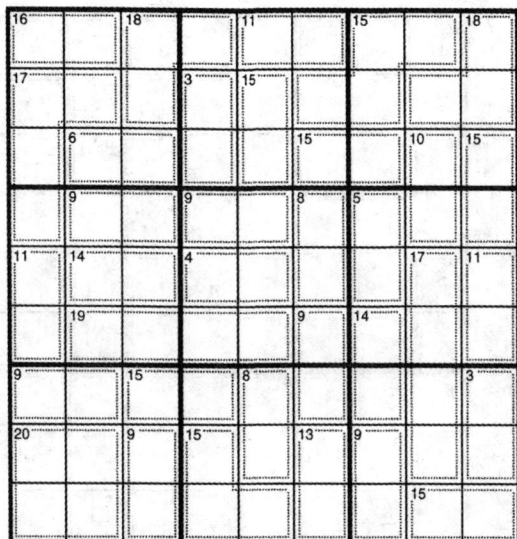

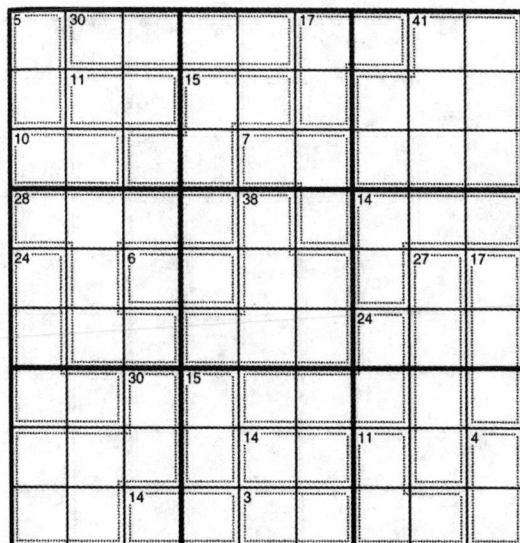

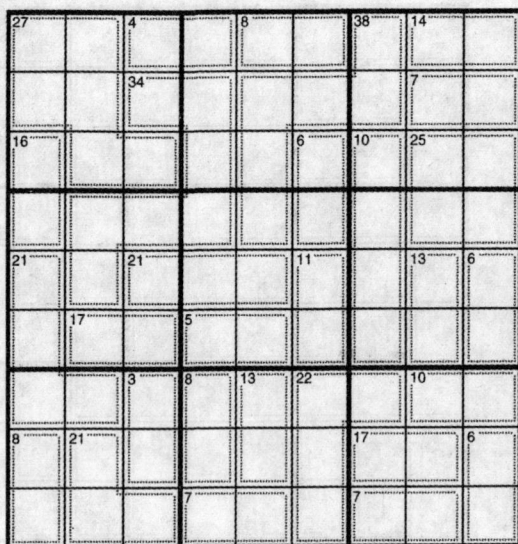

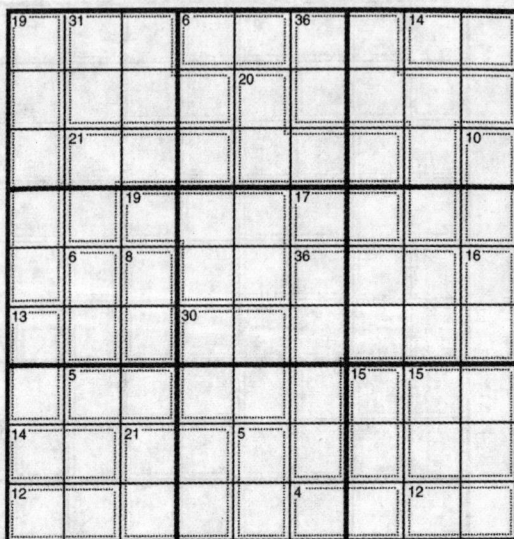

▶ 最强大脑 ▶
越玩越聪明的数独游戏

参考答案

初级篇：牛刀小试

1

5	6	7	1	4	9	2	3	8
8	3	2	5	7	6	1	4	9
1	9	4	2	3	8	7	5	6
9	2	8	3	6	4	5	1	7
4	1	3	7	8	5	9	6	2
6	7	5	9	2	1	4	8	3
2	5	9	6	1	3	8	7	4
3	4	1	8	9	7	6	2	5
7	8	6	4	5	2	3	9	1

3

5	3	2	4	8	1	7	9	6
1	7	4	6	9	3	8	2	5
9	6	8	2	7	5	1	4	3
3	1	6	7	2	8	4	5	9
2	9	7	5	6	4	3	8	1
4	8	5	3	1	9	6	7	2
6	4	3	9	5	7	2	1	8
7	5	1	8	3	2	9	6	4
8	2	9	1	4	6	5	3	7

2

7	6	8	5	2	1	3	4	9
1	4	9	8	6	3	5	2	7
3	2	5	4	7	9	8	6	1
9	7	6	2	1	5	4	8	3
2	3	1	9	4	8	6	7	5
5	8	4	6	3	7	1	9	2
6	9	3	1	8	2	7	5	4
4	5	7	3	9	6	2	1	8
8	1	2	7	5	4	9	3	6

4

4	1	7	8	9	3	2	6	5
9	2	3	6	1	5	8	7	4
5	8	6	4	2	7	9	1	3
7	3	8	9	6	4	5	2	1
1	6	5	3	8	2	4	9	7
2	4	9	7	5	1	6	3	8
6	7	1	2	4	8	3	5	9
8	5	2	1	3	9	7	4	6
3	4	9	5	7	6	1	8	2

5

2	6	4	1	9	3	5	7	8
5	7	1	8	2	6	9	4	3
8	3	9	4	7	5	6	1	2
6	4	8	3	5	2	1	9	7
9	5	2	7	1	4	3	8	6
7	1	3	9	6	8	2	5	4
1	9	6	2	8	7	4	3	5
3	8	5	6	4	9	7	2	1
4	2	7	5	3	1	8	6	9

8

3	2	1	6	7	9	4	5	8
6	8	9	4	1	5	2	7	3
4	7	5	3	2	8	1	6	9
5	6	3	9	4	1	7	8	2
9	1	8	2	5	7	3	4	6
7	4	2	8	3	6	9	1	5
2	3	6	1	8	4	5	9	7
8	5	4	7	9	3	6	2	1
1	9	7	5	6	2	8	3	4

6

7	3	2	8	6	9	4	5	1
6	8	1	4	5	3	7	2	9
5	4	9	1	2	7	3	8	6
1	9	4	3	8	6	5	7	2
2	7	3	5	9	4	1	6	8
8	5	6	2	7	1	9	3	4
3	2	7	9	1	8	6	4	5
4	1	8	6	3	5	2	9	7
9	6	5	7	4	2	8	1	3

9

1	2	5	7	9	6	4	3	8
8	7	9	3	2	4	5	6	1
4	6	3	1	8	5	7	9	2
9	3	8	6	4	2	1	5	7
6	1	4	8	5	7	9	2	3
2	5	7	9	1	3	8	4	6
7	8	2	5	3	9	6	1	4
5	4	6	2	7	1	3	8	9
3	9	1	4	6	8	2	7	5

7

9	3	8	4	2	6	1	5	7
1	4	2	7	5	9	3	8	6
7	5	6	8	3	1	2	4	9
6	1	9	2	7	4	5	3	8
5	8	4	9	6	3	7	1	2
3	2	7	1	8	5	9	6	4
8	6	1	5	9	7	4	2	3
2	9	5	3	4	8	6	7	1
4	7	3	6	1	2	8	9	5

10

5	1	7	4	2	9	3	8	6
2	3	4	6	8	7	5	1	9
6	8	9	5	1	3	7	4	2
7	4	2	9	5	1	8	6	3
8	9	5	7	3	6	4	2	1
1	6	3	8	4	2	9	7	5
3	2	8	1	7	5	6	9	4
4	5	6	2	9	8	1	3	7
9	7	1	3	6	4	2	5	8

▶ 最强大脑 ▶
越玩越聪明的数独游戏

11

8	4	2	9	7	1	3	6	5
9	6	7	2	5	3	4	1	8
3	5	1	6	4	8	2	9	7
7	9	4	8	1	6	5	2	3
5	3	6	4	9	2	8	7	1
1	2	8	5	3	7	6	4	9
6	8	9	7	2	5	1	3	4
2	7	3	1	8	4	9	5	6
4	1	5	3	6	9	7	8	2

12

5	8	4	9	2	7	1	3	6
2	9	3	1	6	4	7	5	8
7	6	1	3	5	8	2	4	9
4	2	9	5	1	3	8	6	7
8	3	6	2	7	9	5	1	4
1	5	7	4	8	6	9	2	3
9	7	2	6	3	5	4	8	1
3	4	5	8	9	1	6	7	2
6	1	8	7	4	2	3	9	5

13

6	2	9	5	3	8	1	7	4
7	5	8	4	1	6	9	2	3
4	3	1	2	9	7	5	6	8
9	4	6	1	8	2	3	5	7
1	8	3	7	5	4	6	9	2
2	7	5	9	6	3	8	4	1
8	6	7	3	4	9	2	1	5
5	9	2	8	7	1	4	3	6
3	1	4	6	2	5	7	8	9

14

6	2	7	4	5	1	3	9	8
9	5	3	6	8	7	2	4	1
8	4	1	2	9	3	7	6	5
4	8	5	7	2	6	1	3	9
3	9	2	8	1	5	4	7	6
1	7	6	9	3	4	5	8	2
5	3	4	1	6	8	9	2	7
2	1	8	3	7	9	6	5	4
7	6	9	5	4	2	8	1	3

15

9	4	1	8	6	3	7	2	5
3	8	2	1	5	7	6	4	9
5	7	6	9	2	4	8	3	1
8	5	7	2	3	1	4	9	6
1	6	9	7	4	8	3	5	2
4	2	3	6	9	5	1	8	7
7	1	5	4	8	2	9	6	3
6	3	8	5	1	9	2	7	4
2	9	4	3	7	6	5	1	8

16

5	1	6	3	2	7	8	9	4
2	7	3	8	9	4	6	1	5
8	4	9	5	6	1	2	3	7
6	5	1	2	4	9	3	7	8
4	8	7	1	5	3	9	6	2
3	9	2	7	8	6	5	4	1
1	3	8	9	7	2	4	5	6
9	6	5	4	1	8	7	2	3
7	2	4	6	3	5	1	8	9

17

8	7	1	6	9	4	5	2	3
3	6	9	8	2	5	7	1	4
2	5	4	3	1	7	8	9	6
1	8	5	4	7	2	3	6	9
9	4	7	5	3	6	2	8	1
6	2	3	1	8	9	4	7	5
7	3	8	9	5	1	6	4	2
4	1	2	7	6	3	9	5	8
5	9	6	2	4	8	1	3	7

20

6	4	7	9	2	1	3	8	5
1	8	9	3	5	7	2	4	6
2	5	3	4	8	6	7	1	9
9	6	4	7	1	8	5	3	2
5	3	1	6	9	2	4	7	8
7	2	8	5	3	4	6	9	1
8	1	5	2	4	3	9	6	7
3	7	2	8	6	9	1	5	4
4	9	6	1	7	5	8	2	3

18

2	3	7	1	9	5	8	4	6
9	6	4	7	2	8	1	3	5
5	8	1	4	6	3	7	9	2
6	1	9	8	4	2	5	7	3
4	5	2	3	1	7	6	8	9
8	7	3	9	5	6	4	2	1
3	9	6	5	8	4	2	1	7
7	2	8	6	3	1	9	5	4
1	4	5	2	7	9	3	6	8

21

5	7	3	4	1	8	6	9	2
8	6	9	2	5	3	1	7	4
4	1	2	7	9	6	8	3	5
3	2	1	8	6	7	4	5	9
9	8	5	1	3	4	2	6	7
6	4	7	5	2	9	3	8	1
2	5	6	3	7	1	9	4	8
1	9	4	6	8	5	7	2	3
7	3	8	9	4	2	5	1	6

19

1	9	8	4	2	3	5	6	7
5	2	4	9	6	7	3	1	8
6	7	3	8	5	1	2	4	9
8	5	2	7	4	9	6	3	1
9	4	6	1	3	5	8	7	2
3	1	7	2	8	6	4	9	5
4	8	9	6	1	2	7	5	3
2	3	1	5	7	4	9	8	6
7	6	5	3	9	8	1	2	4

22

7	1	4	9	6	8	2	3	5
8	3	9	7	2	5	1	6	4
5	6	2	4	1	3	9	8	7
6	7	1	5	3	9	4	2	8
4	2	3	8	7	1	5	9	6
9	8	5	2	4	6	7	1	3
2	9	7	6	8	4	3	5	1
3	5	6	1	9	7	8	4	2
1	4	8	3	5	2	6	7	9

23

2	1	6	5	4	7	3	9	8
5	8	7	2	9	3	4	6	1
4	9	3	8	1	6	7	5	2
8	2	4	1	6	9	5	7	3
9	3	5	7	2	8	1	4	6
6	7	1	4	3	5	8	2	9
1	6	2	3	5	4	9	8	7
3	5	8	9	7	2	6	1	4
7	4	9	6	8	1	2	3	5

24

5	8	9	4	1	3	2	6	7
4	3	2	7	8	6	1	5	9
1	6	7	9	2	5	3	4	8
3	2	1	5	9	4	8	7	6
8	7	5	6	3	1	4	9	2
9	4	6	2	7	8	5	3	1
2	9	3	8	4	7	6	1	5
6	1	8	3	5	9	7	2	4
7	5	4	1	6	2	9	8	3

25

2	3	4	1	9	5	6	8	7
5	8	7	6	2	3	1	4	9
1	6	9	7	8	4	2	3	5
3	1	5	9	4	8	7	2	6
6	9	8	3	7	2	4	5	1
4	7	2	5	1	6	3	9	8
9	2	3	8	6	1	5	7	4
7	5	6	4	3	9	8	1	2
8	4	1	2	5	7	9	6	3

26

5	4	9	3	8	6	1	7	2
2	7	3	1	4	5	8	9	6
1	8	6	7	9	2	3	5	4
7	5	4	2	6	3	9	1	8
6	1	8	5	7	9	2	4	3
9	3	2	8	1	4	5	6	7
8	2	7	6	5	1	4	3	9
4	6	1	9	3	8	7	2	5
3	9	5	4	2	7	6	8	1

27

8	2	9	7	6	1	3	5	4
5	3	7	2	9	4	6	8	1
1	4	6	5	3	8	9	7	2
6	9	3	1	2	7	5	4	8
7	1	4	9	8	5	2	6	3
2	5	8	6	4	3	7	1	9
4	6	1	3	5	2	8	9	7
9	7	2	8	1	6	4	3	5
3	8	5	4	7	9	1	2	6

28

2	3	9	8	1	7	6	4	5
1	4	5	3	6	2	8	9	7
7	6	8	9	5	4	2	3	1
5	8	4	1	2	9	7	6	3
6	2	7	4	8	3	1	5	9
3	9	1	5	7	6	4	2	8
4	5	2	7	3	1	9	8	6
8	7	6	2	9	5	3	1	4
9	1	3	6	4	8	5	7	2

29

6	8	7	4	3	1	2	9	5
1	3	2	6	9	5	8	7	4
9	4	5	7	2	8	6	1	3
2	9	4	8	1	3	5	6	7
3	1	6	5	4	7	9	2	8
7	5	8	2	6	9	4	3	1
5	2	9	3	7	4	1	8	6
8	7	1	9	5	6	3	4	2
4	6	3	1	8	2	7	5	9

30

2	6	5	1	8	4	9	7	3
4	3	7	5	2	9	8	1	6
9	8	1	3	6	7	4	2	5
5	9	4	6	3	2	7	8	1
1	7	6	9	5	8	3	4	2
3	2	8	7	4	1	6	5	9
6	1	3	4	7	5	2	9	8
8	4	9	2	1	3	5	6	7
7	5	2	8	9	6	1	3	4

31

4	7	1	5	3	8	2	6	9
6	2	3	1	7	9	8	4	5
9	5	8	6	2	4	3	1	7
7	6	4	8	5	2	1	9	3
5	8	9	3	1	6	4	7	2
3	1	2	4	9	7	5	8	6
2	9	5	7	8	1	6	3	4
1	3	6	9	4	5	7	2	8
8	4	7	2	6	3	9	5	1

32

3	1	6	4	8	9	5	2	7
8	4	2	3	7	5	6	9	1
5	9	7	6	1	2	8	4	3
1	6	4	8	9	3	2	7	5
9	2	5	1	6	7	4	3	8
7	3	8	2	5	4	9	1	6
4	8	3	5	2	1	7	6	9
2	5	9	7	3	6	1	8	4
6	7	1	9	4	8	3	5	2

33

2	1	5	8	6	7	9	3	4
6	4	3	9	2	5	7	1	8
7	9	8	4	1	3	6	5	2
4	2	7	3	5	9	8	6	1
3	5	9	1	8	6	4	2	7
8	6	1	2	7	4	5	9	3
1	7	4	6	9	2	3	8	5
5	8	6	7	3	1	2	4	9
9	3	2	5	4	8	1	7	6

34

6	3	8	4	9	5	7	1	2
5	2	7	1	6	3	4	8	9
1	9	4	2	8	7	3	5	6
4	7	5	8	3	9	6	2	1
3	1	6	5	4	2	8	9	7
9	8	2	6	7	1	5	4	3
2	4	3	9	5	6	1	7	8
7	5	1	3	2	8	9	6	4
8	6	9	7	1	4	2	3	5

35

2	3	6	5	1	9	4	8	7
4	8	9	7	2	6	1	5	3
5	1	7	3	4	8	6	9	2
9	6	5	4	8	2	7	3	1
8	7	3	1	6	5	2	4	9
1	4	2	9	7	3	5	6	8
6	5	8	2	3	7	9	1	4
7	9	4	8	5	1	3	2	6
3	2	1	6	9	4	8	7	5

36

8	4	3	1	7	2	5	6	9
6	5	7	4	9	8	1	3	2
2	9	1	6	5	3	8	7	4
4	1	2	3	6	9	7	8	5
3	8	5	7	1	4	9	2	6
9	7	6	2	8	5	3	4	1
1	2	8	9	3	6	4	5	7
7	3	4	5	2	1	6	9	8
5	6	9	8	4	7	2	1	3

37

8	6	2	5	1	3	7	4	9
7	1	9	4	8	6	3	2	5
3	5	4	9	2	7	8	1	6
4	8	7	2	6	1	9	5	3
2	9	6	3	5	4	1	8	7
5	3	1	8	7	9	2	6	4
9	7	5	1	4	8	6	3	2
6	4	8	7	3	2	5	9	1
1	2	3	6	9	5	4	7	8

38

2	5	8	6	3	4	7	1	9
4	6	9	1	7	2	3	5	8
1	3	7	5	8	9	2	4	6
7	9	2	4	5	1	8	6	3
6	4	1	8	9	3	5	2	7
5	8	3	7	2	6	4	9	1
8	1	6	2	4	7	9	3	5
3	7	4	9	6	5	1	8	2
9	2	5	3	1	8	6	7	4

39

6	7	9	2	4	3	5	1	8
2	1	8	5	6	9	4	3	7
3	4	5	1	7	8	6	2	9
8	9	7	6	3	1	2	4	5
5	3	4	8	2	7	9	6	1
1	2	6	9	5	4	7	8	3
4	8	2	7	1	5	3	9	6
9	5	3	4	8	6	1	7	2
7	6	1	3	9	2	8	5	4

40

3	2	5	7	4	6	8	9	1
8	6	4	1	9	2	3	5	7
9	1	7	3	8	5	4	6	2
1	9	3	2	6	8	7	4	5
4	7	8	5	1	9	6	2	3
2	5	6	4	3	7	1	8	9
6	3	1	9	2	4	5	7	8
5	4	9	8	7	3	2	1	6
7	8	2	6	5	1	9	3	4

41

1	8	5	4	6	9	7	3	2
4	9	3	5	2	7	8	1	6
7	2	6	8	1	3	4	5	9
3	4	9	1	5	8	6	2	7
2	1	7	3	9	6	5	4	8
5	6	8	2	7	4	3	9	1
9	3	4	6	8	1	2	7	5
6	5	1	7	4	2	9	8	3
8	7	2	9	3	5	1	6	4

42

3	1	2	4	9	8	7	5	6
6	8	5	2	1	7	9	3	4
7	4	9	5	6	3	2	1	8
4	5	1	6	3	9	8	7	2
8	3	6	1	7	2	4	9	5
2	9	7	8	5	4	3	6	1
9	6	8	3	2	5	1	4	7
5	2	3	7	4	1	6	8	9
1	7	4	9	8	6	5	2	3

43

1	5	8	4	3	6	2	7	9
6	2	7	5	9	8	4	1	3
3	9	4	7	1	2	5	6	8
2	8	9	6	7	5	3	4	1
7	1	3	8	4	9	6	2	5
4	6	5	3	2	1	9	8	7
9	3	6	1	8	4	7	5	2
8	4	2	9	5	7	1	3	6
5	7	1	2	6	3	8	9	4

44

8	7	4	9	3	1	2	5	6
9	1	3	2	5	6	4	8	7
6	5	2	4	7	8	1	3	9
1	9	5	6	8	4	7	2	3
3	6	7	5	2	9	8	1	4
2	4	8	3	1	7	6	9	5
5	3	6	8	4	2	9	7	1
4	2	1	7	9	3	5	6	8
7	8	9	1	6	5	3	4	2

45

4	2	5	9	7	6	3	8	1
7	3	8	4	2	1	9	5	6
1	6	9	3	8	5	7	2	4
6	4	2	5	9	7	1	3	8
5	7	1	2	3	8	6	4	9
8	9	3	1	6	4	2	7	5
9	8	6	7	5	3	4	1	2
3	5	4	6	1	2	8	9	7
2	1	7	8	4	9	5	6	3

46

9	8	1	2	4	6	5	3	7
4	2	3	5	7	9	8	6	1
7	5	6	3	1	8	2	9	4
3	4	9	6	8	5	1	7	2
2	1	5	7	9	3	4	8	6
8	6	7	1	2	4	3	5	9
1	3	2	9	5	7	6	4	8
5	7	8	4	6	2	9	1	3
6	9	4	8	3	1	7	2	5

47

7	4	6	3	9	1	5	8	2
1	8	9	7	2	5	3	6	4
5	3	2	8	4	6	1	9	7
2	7	8	5	6	9	4	1	3
4	9	5	2	1	3	6	7	8
6	1	3	4	8	7	2	5	9
8	5	1	9	3	2	7	4	6
3	6	4	1	7	8	9	2	5
9	2	7	6	5	4	8	3	1

50

3	2	9	5	8	4	6	1	7
4	7	1	2	6	9	8	3	5
8	5	6	1	7	3	2	4	9
7	9	3	8	4	5	1	2	6
2	1	4	3	9	6	7	5	8
5	6	8	7	1	2	3	9	4
1	8	5	9	2	7	4	6	3
6	3	7	4	5	1	9	8	2
9	4	2	6	3	8	5	7	1

48

9	6	3	4	8	5	2	1	7
8	1	2	7	9	3	6	4	5
7	4	5	6	1	2	3	8	9
3	5	4	8	2	6	9	7	1
6	7	1	5	3	9	4	2	8
2	8	9	1	7	4	5	6	3
4	9	8	2	5	1	7	3	6
1	3	6	9	4	7	8	5	2
5	2	7	3	6	8	1	9	4

51

1	3	6	4	8	7	2	5	9
8	7	5	2	3	9	1	4	6
9	4	2	6	1	5	8	3	7
6	9	3	5	7	2	4	1	8
5	8	4	9	6	1	3	7	2
2	1	7	3	4	8	6	9	5
4	6	8	7	5	3	9	2	1
3	5	9	1	2	6	7	8	4
7	2	1	8	9	4	5	6	3

49

9	4	1	8	5	6	2	7	3
7	6	3	4	2	1	9	8	5
8	5	2	9	3	7	4	6	1
4	3	9	6	7	5	8	1	2
1	2	6	3	4	8	5	9	7
5	7	8	2	1	9	6	3	4
3	8	7	5	6	4	1	2	9
6	1	5	7	9	2	3	4	8
2	9	4	1	8	3	7	5	6

52

5	2	4	8	6	1	3	7	9
1	7	3	4	2	9	8	6	5
6	9	8	7	3	5	1	4	2
7	5	1	2	4	3	9	8	6
9	3	6	1	5	8	7	2	4
4	8	2	9	7	6	5	3	1
2	4	5	3	1	7	6	9	8
3	6	9	5	8	4	2	1	7
8	1	7	6	9	2	4	5	3

53

9	3	4	8	5	1	7	6	2
8	6	2	4	7	9	3	1	5
1	7	5	3	2	6	8	9	4
7	8	6	1	9	2	5	4	3
4	5	9	7	6	3	1	2	8
3	2	1	5	4	8	6	7	9
2	4	3	6	1	5	9	8	7
5	1	7	9	8	4	2	3	6
6	9	8	2	3	7	4	5	1

54

4	1	5	6	2	7	8	9	3
6	7	3	5	9	8	4	2	1
8	2	9	3	1	4	6	7	5
3	9	6	8	7	5	2	1	4
5	4	2	1	3	6	7	8	9
7	8	1	2	4	9	3	5	6
1	3	8	9	6	2	5	4	7
9	5	7	4	8	3	1	6	2
2	6	4	7	5	1	9	3	8

55

5	6	7	4	1	8	2	3	9
3	8	4	5	9	2	1	7	6
9	1	2	3	6	7	8	5	4
2	9	8	6	3	5	7	4	1
6	4	1	7	2	9	3	8	5
7	5	3	8	4	1	9	6	2
8	3	9	1	5	6	4	2	7
1	7	6	2	8	4	5	9	3
4	2	5	9	7	3	6	1	8

56

4	6	2	1	3	7	8	9	5
5	3	1	4	8	9	7	6	2
8	7	9	6	5	2	1	3	4
1	9	7	3	4	8	5	2	6
3	2	5	9	7	6	4	8	1
6	8	4	5	2	1	9	7	3
9	1	8	2	6	5	3	4	7
7	4	6	8	1	3	2	5	9
2	5	3	7	9	4	6	1	8

57

5	3	6	4	2	7	1	9	8
1	2	4	8	6	9	5	3	7
7	8	9	3	5	1	2	6	4
4	5	8	2	1	6	3	7	9
9	6	7	5	4	3	8	2	1
2	1	3	9	7	8	6	4	5
8	9	5	6	3	4	7	1	2
6	7	2	1	9	5	4	8	3
3	4	1	7	8	2	9	5	6

58

3	5	9	2	4	8	7	1	6
8	1	6	7	3	9	4	5	2
2	7	4	1	5	6	8	9	3
4	3	1	8	7	2	5	6	9
5	8	2	6	9	4	3	7	1
6	9	7	5	1	3	2	8	4
9	6	3	4	8	5	1	2	7
1	2	8	3	6	7	9	4	5
7	4	5	9	2	1	6	3	8

59

5	6	4	2	8	1	7	9	3
8	7	9	6	3	4	5	2	1
1	2	3	9	5	7	4	6	8
7	8	1	4	9	3	6	5	2
9	4	6	5	1	2	8	3	7
3	5	2	8	7	6	9	1	4
4	9	7	3	2	5	1	8	6
6	3	8	1	4	9	2	7	5
2	1	5	7	6	8	3	4	9

60

4	8	7	1	2	3	6	5	9
9	5	2	8	4	6	3	1	7
1	3	6	5	9	7	2	4	8
8	1	9	2	5	4	7	3	6
2	6	4	3	7	1	8	9	5
3	7	5	9	6	8	4	2	1
6	2	8	4	1	9	5	7	3
7	4	1	6	3	5	9	8	2
5	9	3	7	8	2	1	6	4

61

3	6	1	7	8	4	2	5	9
8	2	9	1	5	6	3	7	4
5	4	7	3	2	9	6	8	1
9	5	4	6	1	3	7	2	8
2	8	6	9	7	5	1	4	3
7	1	3	8	4	2	5	9	6
1	9	8	2	6	7	4	3	5
6	7	5	4	3	8	9	1	2
4	3	2	5	9	1	8	6	7

62

1	9	3	5	2	6	7	8	4
6	8	5	4	7	9	3	1	2
2	7	4	8	1	3	6	5	9
8	1	6	9	5	7	2	4	3
9	3	7	2	4	8	1	6	5
4	5	2	6	3	1	9	7	8
3	2	1	7	8	4	5	9	6
5	4	9	1	6	2	8	3	7
7	6	8	3	9	5	4	2	1

63

2	4	7	9	5	8	6	3	1
3	1	5	6	7	4	2	8	9
6	8	9	1	3	2	7	5	4
1	3	4	5	6	9	8	7	2
9	7	8	4	2	3	5	1	6
5	6	2	8	1	7	9	4	3
4	2	6	7	8	1	3	9	5
8	5	1	3	9	6	4	2	7
7	9	3	2	4	5	1	6	8

64

6	9	8	5	3	4	2	7	1
2	5	7	9	8	1	3	6	4
1	4	3	6	7	2	9	8	5
8	3	9	1	4	5	6	2	7
4	2	5	3	6	7	8	1	9
7	6	1	2	9	8	4	5	3
5	1	6	4	2	9	7	3	8
3	7	4	8	5	6	1	9	2
9	8	2	7	1	3	5	4	6

65

9	3	8	5	7	4	2	1	6
7	4	1	3	6	2	8	9	5
5	6	2	8	1	9	4	3	7
2	1	4	6	5	7	3	8	9
3	5	6	4	9	8	7	2	1
8	9	7	1	2	3	5	6	4
6	7	3	9	8	5	1	4	2
4	2	9	7	3	1	6	5	8
1	8	5	2	4	6	9	7	3

66

5	4	8	2	7	9	1	3	6
6	1	2	8	3	5	9	7	4
3	7	9	6	1	4	5	2	8
4	8	7	5	9	6	2	1	3
1	2	5	3	4	8	7	6	9
9	6	3	7	2	1	4	8	5
2	5	1	9	8	3	6	4	7
8	9	4	1	6	7	3	5	2
7	3	6	4	5	2	8	9	1

67

5	2	8	9	7	3	6	1	4
9	6	7	1	8	4	3	2	5
1	4	3	5	2	6	9	8	7
8	5	4	2	1	9	7	3	6
3	7	1	6	5	8	4	9	2
2	9	6	3	4	7	8	5	1
4	3	5	7	9	1	2	6	8
6	8	2	4	3	5	1	7	9
7	1	9	8	6	2	5	4	3

68

1	8	9	5	6	4	3	7	2
3	5	6	7	2	1	9	4	8
2	7	4	9	3	8	6	1	5
4	6	3	1	8	9	5	2	7
5	9	8	2	7	6	1	3	4
7	1	2	3	4	5	8	9	6
9	4	5	8	1	2	7	6	3
6	3	1	4	5	7	2	8	9
8	2	7	6	9	3	4	5	1

69

9	1	4	5	7	8	6	3	2
6	7	8	2	9	3	5	4	1
3	5	2	1	4	6	8	7	9
1	4	9	6	2	5	7	8	3
5	3	7	8	1	9	4	2	6
2	8	6	4	3	7	1	9	5
4	6	5	3	8	2	9	1	7
7	2	1	9	5	4	3	6	8
8	9	3	7	6	1	2	5	4

70

4	2	9	1	5	7	6	3	8
3	7	6	2	8	9	1	5	4
5	8	1	3	4	6	2	7	9
7	4	5	8	1	3	9	2	6
9	1	2	7	6	4	5	8	3
6	3	8	5	9	2	4	1	7
1	9	3	6	7	5	8	4	2
2	5	4	9	3	8	7	6	1
8	6	7	4	2	1	3	9	5

最强大脑
越玩越聪明的数独游戏

71

2	8	5	9	6	1	7	4	3
3	7	1	8	5	4	2	6	9
9	4	6	7	3	2	8	1	5
4	2	3	6	9	8	1	5	7
1	9	7	3	2	5	6	8	4
6	5	8	1	4	7	9	3	2
5	1	9	4	7	6	3	2	8
8	3	2	5	1	9	4	7	6
7	6	4	2	8	3	5	9	1

74

4	5	9	7	3	1	8	6	2
3	2	6	9	5	8	1	7	4
8	7	1	2	4	6	9	5	3
9	1	4	6	2	7	5	3	8
5	8	3	1	9	4	6	2	7
7	6	2	5	8	3	4	9	1
2	9	7	8	1	5	3	4	6
6	3	8	4	7	9	2	1	5
1	4	5	3	6	2	7	8	9

72

9	3	2	1	5	8	7	6	4
1	6	7	4	3	2	5	8	9
4	8	5	9	6	7	3	2	1
7	9	1	5	2	4	6	3	8
8	5	6	7	9	3	1	4	2
2	4	3	8	1	6	9	7	5
6	1	4	3	8	9	2	5	7
5	2	8	6	7	1	4	9	3
3	7	9	2	4	5	8	1	6

75

9	2	4	3	5	6	1	7	8
7	5	1	4	8	2	6	9	3
3	8	6	9	1	7	4	5	2
8	3	9	7	2	1	5	4	6
4	6	2	5	9	3	8	1	7
1	7	5	6	4	8	2	3	9
6	1	7	8	3	4	9	2	5
5	4	3	2	6	9	7	8	1
2	9	8	1	7	5	3	6	4

73

1	9	8	5	6	3	2	7	4
4	7	2	8	9	1	6	5	3
6	5	3	7	4	2	1	9	8
3	4	9	6	2	8	7	1	5
8	1	5	9	7	4	3	2	6
7	2	6	1	3	5	4	8	9
5	8	4	2	1	6	9	3	7
9	3	1	4	5	7	8	6	2
2	6	7	3	8	9	5	4	1

76

7	4	3	1	5	2	8	6	9
9	6	5	8	3	7	2	1	4
2	1	8	4	6	9	3	5	7
6	2	4	7	9	8	1	3	5
3	8	1	2	4	5	7	9	6
5	9	7	6	1	3	4	2	8
8	7	9	5	2	1	6	4	3
4	3	2	9	7	6	5	8	1
1	5	6	3	8	4	9	7	2

77

9	7	8	5	3	4	1	6	2
1	6	5	2	9	8	7	4	3
4	3	2	6	7	1	9	8	5
6	8	1	4	5	9	3	2	7
2	5	7	1	8	3	6	9	4
3	4	9	7	6	2	5	1	8
5	9	3	8	4	6	2	7	1
8	1	6	3	2	7	4	5	9
7	2	4	9	1	5	8	3	6

80

8	5	3	7	9	1	6	4	2
9	2	6	5	4	8	7	3	1
4	1	7	3	6	2	8	9	5
5	6	4	1	7	3	2	8	9
7	3	9	8	2	4	1	5	6
1	8	2	9	5	6	3	7	4
6	9	5	2	3	7	4	1	8
2	7	8	4	1	9	5	6	3
3	4	1	6	8	5	9	2	7

78

5	9	2	7	1	4	6	8	3
7	6	8	3	2	9	5	4	1
3	4	1	6	5	8	9	2	7
6	1	3	9	8	7	4	5	2
4	8	5	2	3	1	7	9	6
2	7	9	5	4	6	3	1	8
9	2	6	1	7	5	8	3	4
1	5	4	8	6	3	2	7	9
8	3	7	4	9	2	1	6	5

79

6	8	5	9	3	4	7	1	2
7	1	9	6	8	2	3	4	5
2	3	4	5	7	1	6	8	9
5	9	7	1	2	3	8	6	4
8	2	3	4	9	6	5	7	1
1	4	6	8	5	7	9	2	3
9	7	8	2	1	5	4	3	6
4	5	2	3	6	8	1	9	7
3	6	1	7	4	9	2	5	8

中级篇：过关斩将

1

4	5	7	1	6	2	8	9	3
1	2	6	8	3	9	7	4	5
3	8	9	7	4	5	6	2	1
8	7	1	2	5	3	4	6	9
5	9	4	6	1	8	3	7	2
6	3	2	4	9	7	1	5	8
2	6	3	9	7	1	5	8	4
9	4	5	3	8	6	2	1	7
7	1	8	5	2	4	9	3	6

2

9	4	1	2	8	5	7	6	3
8	2	6	3	1	7	9	5	4
7	3	5	9	4	6	2	1	8
2	9	3	1	5	4	8	7	6
4	6	8	7	2	9	5	3	1
1	5	7	6	3	8	4	2	9
5	1	2	8	9	3	6	4	7
3	7	9	4	6	2	1	8	5
6	8	4	5	7	1	3	9	2

3

8	6	5	3	4	9	1	2	7
4	2	9	5	1	7	8	6	3
7	1	3	8	2	6	5	4	9
5	4	8	2	7	1	3	9	6
2	3	6	4	9	8	7	1	5
9	7	1	6	3	5	4	8	2
3	5	4	9	8	2	6	7	1
1	8	2	7	6	3	9	5	4
6	9	7	1	5	4	2	3	8

4

8	1	9	2	6	3	5	4	7
7	5	6	4	8	9	3	1	2
2	4	3	5	7	1	8	6	9
3	6	1	8	4	2	9	7	5
5	2	4	1	9	7	6	8	3
9	7	8	6	3	5	4	2	1
6	3	7	9	2	4	1	5	8
4	9	5	7	1	8	2	3	6
1	8	2	3	5	6	7	9	4

5

3	1	9	8	4	7	5	6	2
5	4	6	3	1	2	8	7	9
2	7	8	6	5	9	1	3	4
8	5	4	7	2	3	6	9	1
7	9	1	4	6	8	3	2	5
6	2	3	5	9	1	7	4	8
9	8	2	1	7	6	4	5	3
4	3	7	2	8	5	9	1	6
1	6	5	9	3	4	2	8	7

6

8	6	7	9	4	2	1	5	3
2	4	9	5	3	1	7	6	8
1	3	5	7	6	8	9	4	2
4	7	1	2	5	6	3	8	9
5	8	6	1	9	3	2	7	4
9	2	3	4	8	7	5	1	6
7	9	8	6	2	5	4	3	1
3	5	2	8	1	4	6	9	7
6	1	4	3	7	9	8	2	5

7

3	9	5	1	7	2	6	8	4
7	8	1	3	6	4	5	9	2
6	4	2	8	5	9	1	3	7
1	6	4	2	3	8	7	5	9
9	2	3	7	1	5	8	4	6
5	7	8	9	4	6	3	2	1
8	1	7	4	9	3	2	6	5
2	5	9	6	8	1	4	7	3
4	3	6	5	2	7	9	1	8

8

4	8	1	9	6	5	2	3	7
3	9	7	2	1	4	6	8	5
6	2	5	7	8	3	1	4	9
9	3	6	8	4	7	5	2	1
2	5	4	3	9	1	7	6	8
7	1	8	6	5	2	3	9	4
5	6	2	4	7	9	8	1	3
1	4	3	5	2	8	9	7	6
8	7	9	1	3	6	4	5	2

9

8	2	6	1	4	5	7	9	3
4	3	9	7	6	8	1	5	2
7	5	1	9	3	2	8	4	6
9	7	8	4	1	3	2	6	5
2	4	3	6	5	7	9	8	1
1	6	5	8	2	9	4	3	7
6	8	7	3	9	1	5	2	4
5	9	4	2	7	6	3	1	8
3	1	2	5	8	4	6	7	9

10

9	4	5	1	7	8	6	2	3
1	8	3	4	2	6	7	9	5
7	2	6	5	3	9	8	1	4
6	7	4	9	8	2	5	3	1
2	1	8	7	5	3	9	4	6
3	5	9	6	4	1	2	7	8
4	9	2	8	1	5	3	6	7
8	6	7	3	9	4	1	5	2
5	3	1	2	6	7	4	8	9

11

5	6	8	7	2	4	9	1	3
2	9	4	6	3	1	5	8	7
1	3	7	5	9	8	2	4	6
7	5	1	2	8	3	4	6	9
4	8	6	9	1	7	3	2	5
3	2	9	4	6	5	1	7	8
6	7	3	1	5	2	8	9	4
9	1	5	8	4	6	7	3	2
8	4	2	3	7	9	6	5	1

12

5	6	1	7	3	8	2	9	4
4	2	3	9	5	1	7	8	6
7	8	9	4	6	2	3	5	1
9	7	4	2	8	3	6	1	5
6	3	2	1	9	5	8	4	7
1	5	8	6	4	7	9	3	2
2	4	6	8	1	9	5	7	3
3	9	7	5	2	4	1	6	8
8	1	5	3	7	6	4	2	9

最强大脑
越玩越聪明的数独游戏

13

3	1	2	4	5	8	6	9	7
9	5	4	7	2	6	8	1	3
6	7	8	9	3	1	4	5	2
5	9	1	8	4	7	2	3	6
8	4	3	6	1	2	5	7	9
2	6	7	3	9	5	1	4	8
1	8	6	5	7	9	3	2	4
4	2	9	1	6	3	7	8	5
7	3	5	2	8	4	9	6	1

14

4	5	7	1	2	6	3	9	8
1	2	3	9	7	8	4	6	5
6	9	8	5	3	4	1	2	7
8	4	6	2	9	3	5	7	1
3	7	9	8	1	5	2	4	6
2	1	5	4	6	7	8	3	9
9	6	2	3	5	1	7	8	4
7	8	1	6	4	2	9	5	3
5	3	4	7	8	9	6	1	2

15

7	5	1	6	4	8	3	9	2
8	3	4	9	2	1	5	7	6
6	2	9	3	5	7	4	8	1
4	1	2	5	8	6	9	3	7
5	6	3	4	7	9	1	2	8
9	7	8	2	1	3	6	5	4
1	4	7	8	3	5	2	6	9
3	8	6	1	9	2	7	4	5
2	9	5	7	6	4	8	1	3

16

8	9	5	4	3	7	6	1	2
1	6	4	8	9	2	3	7	5
7	3	2	6	1	5	4	8	9
5	8	1	3	6	9	7	2	4
3	7	9	1	2	4	8	5	6
4	2	6	5	7	8	9	3	1
2	5	3	7	4	6	1	9	8
6	1	8	9	5	3	2	4	7
9	4	7	2	8	1	5	6	3

17

6	1	2	5	9	8	4	7	3
4	8	7	6	2	3	5	9	1
9	3	5	7	1	4	6	8	2
7	4	8	9	5	1	3	2	6
1	5	3	2	8	6	9	4	7
2	9	6	3	4	7	1	5	8
3	6	9	4	7	2	8	1	5
5	7	1	8	6	9	2	3	4
8	2	4	1	3	5	7	6	9

18

2	1	6	9	3	8	4	5	7
9	5	4	7	6	2	8	3	1
3	7	8	5	1	4	2	6	9
6	8	2	1	9	5	3	7	4
7	3	5	4	2	6	1	9	8
4	9	1	8	7	3	6	2	5
8	2	9	6	5	1	7	4	3
1	6	7	3	4	9	5	8	2
5	4	3	2	8	7	9	1	6

19

8	6	5	3	4	9	1	2	7
4	2	9	5	1	7	8	6	3
7	1	3	8	2	6	5	4	9
5	4	8	2	7	1	3	9	6
2	3	6	4	9	8	7	1	5
9	7	1	6	3	5	4	8	2
3	5	4	9	8	2	6	7	1
1	8	2	7	6	3	9	5	4
6	9	7	1	5	4	2	3	8

20

8	6	7	9	4	2	1	5	3
2	4	9	5	3	1	7	6	8
1	3	5	7	6	8	9	4	2
4	7	1	2	5	6	3	8	9
5	8	6	1	9	3	2	7	4
9	2	3	4	8	7	5	1	6
7	9	8	6	2	5	4	3	1
3	5	2	8	1	4	6	9	7
6	1	4	3	7	9	8	2	5

21

3	9	5	1	7	2	6	8	4
7	8	1	3	6	4	5	9	2
6	4	2	8	5	9	1	3	7
1	6	4	2	3	8	7	5	9
9	2	3	7	1	5	8	4	6
5	7	8	9	4	6	3	2	1
8	1	7	4	9	3	2	6	5
2	5	9	6	8	1	4	7	3
4	3	6	5	2	7	9	1	8

22

8	7	5	6	2	9	3	1	4
2	4	9	3	1	7	8	5	6
1	6	3	8	4	5	7	2	9
6	3	2	1	7	4	9	8	5
5	9	1	2	6	8	4	3	7
7	8	4	5	9	3	2	6	1
3	2	7	9	5	6	1	4	8
9	1	6	4	8	2	5	7	3
4	5	8	7	3	1	6	9	2

23

4	1	8	9	7	5	2	3	6
2	3	9	4	6	8	7	1	5
5	6	7	1	2	3	8	9	4
8	5	2	7	3	4	9	6	1
6	9	4	8	5	1	3	2	7
1	7	3	6	9	2	4	5	8
3	2	6	5	4	7	1	8	9
7	8	5	3	1	9	6	4	2
9	4	1	2	8	6	5	7	3

24

3	6	8	9	4	1	2	7	5
9	2	4	7	5	3	1	6	8
1	5	7	8	6	2	9	4	3
4	1	3	2	8	6	7	5	9
2	7	9	5	3	4	6	8	1
6	8	5	1	9	7	3	2	4
7	3	6	4	1	8	5	9	2
8	9	2	3	7	5	4	1	6
5	4	1	6	2	9	8	3	7

25

2	9	1	6	5	7	3	8	4
4	3	5	1	2	8	7	6	9
6	7	8	9	3	4	2	1	5
3	1	9	2	4	6	5	7	8
5	4	2	7	8	1	9	3	6
8	6	7	3	9	5	4	2	1
9	8	6	4	7	2	1	5	3
1	2	3	5	6	9	8	4	7
7	5	4	8	1	3	6	9	2

28

5	4	2	8	7	6	3	9	1
7	3	6	1	2	9	4	8	5
9	1	8	5	3	4	6	2	7
4	7	1	2	9	5	8	3	6
8	9	3	4	6	7	5	1	2
6	2	5	3	1	8	7	4	9
1	8	7	6	4	2	9	5	3
2	6	4	9	5	3	1	7	8
3	5	9	7	8	1	2	6	4

26

9	8	4	5	6	7	2	3	1
7	3	1	2	8	9	5	6	4
5	6	2	1	3	4	8	9	7
4	5	6	9	7	2	3	1	8
3	9	8	6	1	5	4	7	2
1	2	7	3	4	8	9	5	6
2	7	9	8	5	6	1	4	3
8	4	3	7	9	1	6	2	5
6	1	5	4	2	3	7	8	9

29

2	7	5	3	8	4	6	9	1
6	8	4	1	2	9	7	3	5
1	9	3	6	7	5	8	4	2
7	5	1	2	9	8	3	6	4
3	4	6	7	5	1	2	8	9
8	2	9	4	3	6	1	5	7
5	6	7	8	4	2	9	1	3
4	3	8	9	1	7	5	2	6
9	1	2	5	6	3	4	7	8

27

3	2	4	1	9	5	6	8	7
1	5	7	4	8	6	9	2	3
8	6	9	3	7	2	5	4	1
4	7	1	5	2	3	8	6	9
2	3	5	8	6	9	7	1	4
6	9	8	7	4	1	3	5	2
9	1	3	2	5	8	4	7	6
5	4	6	9	1	7	2	3	8
7	8	2	6	3	4	1	9	5

30

8	9	2	7	6	4	5	3	1
4	5	6	1	3	9	8	7	2
7	3	1	8	5	2	4	9	6
3	6	8	9	4	7	2	1	5
5	1	9	3	2	8	7	6	4
2	4	7	6	1	5	9	8	3
1	8	4	2	9	3	6	5	7
9	2	3	5	7	6	1	4	8
6	7	5	4	8	1	3	2	9

31

7	2	4	6	9	1	5	3	8
6	1	5	3	7	8	9	4	2
8	3	9	5	2	4	6	7	1
2	9	7	1	4	5	3	8	6
3	5	8	9	6	7	1	2	4
1	4	6	8	3	2	7	9	5
5	8	2	7	1	3	4	6	9
4	6	3	2	5	9	8	1	7
9	7	1	4	8	6	2	5	3

32

7	8	9	2	1	3	4	5	6
5	2	4	9	6	8	1	3	7
3	1	6	5	7	4	9	2	8
2	4	5	3	8	1	7	6	9
6	9	1	7	4	2	3	8	5
8	3	7	6	5	9	2	1	4
4	7	8	1	2	6	5	9	3
1	5	3	8	9	7	6	4	2
9	6	2	4	3	5	8	7	1

33

6	4	3	9	5	1	7	2	8
9	2	8	6	7	3	5	1	4
1	5	7	4	8	2	6	9	3
7	1	2	3	6	5	8	4	9
4	6	9	8	1	7	2	3	5
8	3	5	2	4	9	1	7	6
3	8	4	7	2	6	9	5	1
2	9	1	5	3	8	4	6	7
5	7	6	1	9	4	3	8	2

34

4	3	2	6	5	9	7	8	1
7	5	8	1	3	2	9	6	4
6	9	1	4	8	7	3	2	5
2	1	3	7	9	4	8	5	6
5	8	4	3	6	1	2	7	9
9	6	7	8	2	5	1	4	3
1	2	9	5	7	6	4	3	8
8	7	5	9	4	3	6	1	2
3	4	6	2	1	8	5	9	7

35

8	4	2	5	1	7	9	3	6
1	5	7	6	3	9	4	8	2
3	6	9	2	4	8	7	5	1
6	9	1	4	8	3	5	2	7
5	7	8	9	2	1	6	4	3
2	3	4	7	5	6	1	9	8
9	2	6	3	7	5	8	1	4
7	8	3	1	9	4	2	6	5
4	1	5	8	6	2	3	7	9

36

1	6	7	2	9	8	5	4	3						
5	8	9	4	3	1	7	2	6						
2	3	4	6	5	7	9	8	1						
7	9	3	1	6	2	8	5	4						
8	4	1	5	7	9	3	6	2						
6	5	2	8	4	3	1	9	7						
4	2	8	7	1	5	6	3	9	1	7	4	8	2	5
9	7	5	3	2	6	4	1	8	2	3	5	6	9	7
3	1	6	9	8	4	2	7	5	6	9	8	3	4	1
						7	8	6	3	4	1	2	5	9
						9	2	3	7	5	6	4	1	8
						5	4	1	8	2	9	7	3	6
						3	9	4	5	8	7	1	6	2
						1	5	7	4	6	2	9	8	3
						8	6	2	9	1	3	5	7	4

37

2	4	5	3	1	7	6	9	8						
3	6	9	5	8	4	2	1	7						
8	1	7	6	9	2	4	5	3						
7	5	1	2	4	3	9	8	6						
9	3	6	1	5	8	7	2	4						
4	8	2	9	7	6	5	3	1						
5	2	4	8	6	1	3	7	9	8	4	1	6	5	2
1	7	3	4	2	9	8	6	5	2	9	3	4	7	1
6	9	8	7	3	5	1	4	2	7	6	5	3	8	9
						9	1	3	6	7	2	8	4	5
						6	2	8	9	5	4	7	1	3
						7	5	4	1	3	8	9	2	6
						4	8	1	3	2	6	5	9	7
						2	3	7	5	8	9	1	6	4
						5	9	6	4	1	7	2	3	8

40

1	3	5	7	9	6	8	4	2						
4	7	8	3	5	2	1	9	6						
9	2	6	4	1	8	7	5	3						
2	5	3	1	4	7	6	8	9						
6	9	1	8	3	5	4	2	7						
8	4	7	2	6	9	5	3	1						
3	6	9	5	7	4	2	1	8	5	4	7	6	9	3
7	8	4	9	2	1	3	6	5	1	2	9	7	4	8
5	1	2	6	8	3	9	7	4	6	3	8	1	2	5
						7	3	1	2	8	4	9	5	6
						8	4	6	7	9	5	3	1	2
						5	9	2	3	6	1	8	7	4
						6	8	9	4	7	2	5	3	1
						1	2	7	8	5	3	4	6	9
						4	5	3	9	1	6	2	8	7

38

6	1	8	2	3	4	5	9	7						
9	2	3	7	8	5	4	1	6						
7	4	5	9	1	6	3	8	2						
8	6	9	3	4	7	1	2	5						
4	3	1	5	6	2	9	7	8						
2	5	7	8	9	1	6	4	3						
1	7	4	6	5	8	2	3	9	5	8	7	6	1	4
5	9	2	4	7	3	8	6	1	4	2	9	7	5	3
3	8	6	1	2	9	7	5	4	3	6	1	2	8	9
						1	2	7	9	3	4	8	6	5
						6	8	3	2	7	5	9	4	1
						9	4	5	6	1	8	3	7	2
						3	1	6	7	4	2	5	9	8
						5	7	8	1	9	3	4	2	6
						4	9	2	8	5	6	1	3	7

41

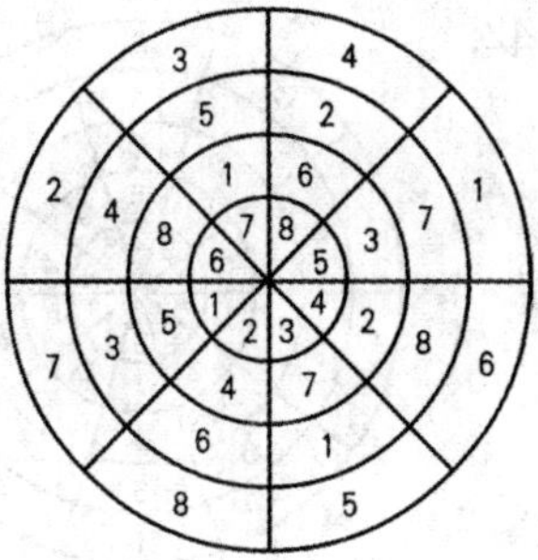

39

7	5	8	2	9	4	3	1	6						
1	6	9	7	5	3	4	8	2						
4	3	2	6	8	1	7	5	9						
6	1	3	5	4	9	2	7	8						
2	9	7	1	6	8	5	4	3						
8	4	5	3	2	7	6	9	1						
9	2	1	4	7	6	8	3	5	2	4	9	6	7	1
5	8	4	9	3	2	1	6	7	8	5	3	9	2	4
3	7	6	8	1	5	9	2	4	7	1	6	5	8	3
						3	5	9	6	2	8	4	1	7
						4	7	8	1	9	5	3	6	2
						2	1	6	3	7	4	8	5	9
						6	4	1	9	8	2	7	3	5
						7	9	3	5	6	1	2	4	8
						5	8	2	4	3	7	1	9	6

42

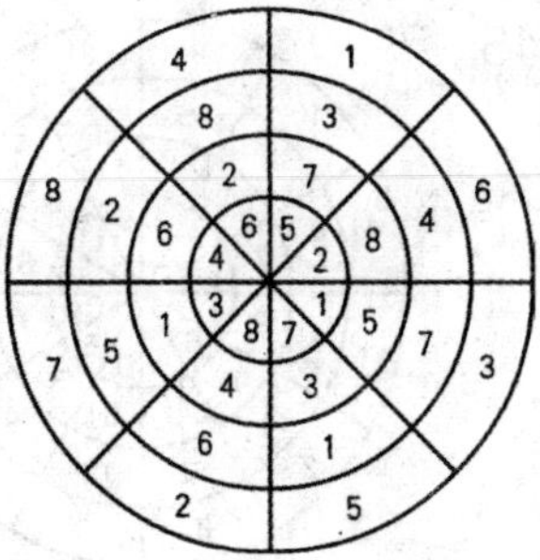

43

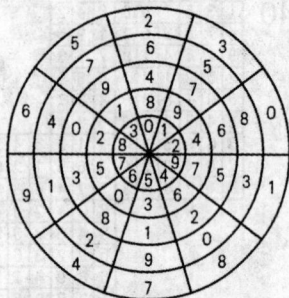

44

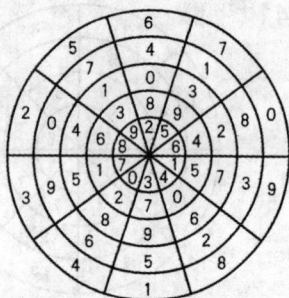

45

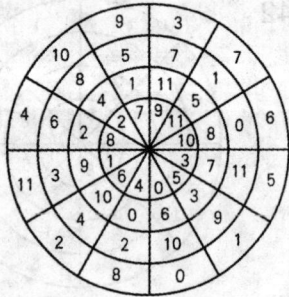

46

C	F	5	3	E	4	G	9	1	B	6	2	A	D	7	8
D	G	4	2	B	6	5	7	F	A	3	8	C	1	9	E
B	9	A	1	C	2	8	D	7	E	G	4	F	6	3	5
E	6	7	8	F	3	1	A	C	9	D	5	4	B	G	2
F	2	E	6	1	A	D	4	8	3	7	9	G	5	C	B
5	D	3	B	6	7	2	C	A	G	F	1	8	4	E	9
G	7	8	A	9	5	E	3	6	C	4	B	D	2	1	F
9	1	C	4	8	G	F	B	5	D	2	E	7	3	6	A
8	E	B	7	G	C	3	2	4	1	5	6	9	A	F	D
2	3	6	C	4	F	7	E	9	8	A	D	5	G	B	1
1	4	D	9	5	8	A	6	3	F	B	G	E	C	2	7
A	5	G	F	D	9	B	1	2	7	E	C	6	8	4	3
6	B	1	G	2	D	9	8	E	5	C	7	3	F	A	4
4	A	F	D	7	E	C	G	B	2	8	3	1	9	5	6
7	8	2	5	3	1	4	F	G	6	9	A	B	E	D	C
3	C	9	E	A	B	6	5	D	4	1	F	2	7	8	G

47

C	5	3	F	E	7	6	2	4	B	9	D	A	1	8	G
D	8	9	1	G	C	4	F	5	2	E	A	6	7	3	B
E	A	B	4	1	9	5	8	6	3	7	G	C	D	F	2
2	7	6	G	B	D	A	3	1	C	F	8	5	E	4	9
F	C	2	E	A	4	D	1	3	G	6	9	B	5	7	8
6	G	1	9	3	B	C	5	2	7	8	F	E	A	D	4
A	B	4	8	F	6	G	7	D	E	C	5	1	9	2	3
7	D	5	3	8	2	E	9	B	A	1	4	F	C	G	6
9	4	C	6	2	8	1	D	E	F	5	3	7	G	B	A
5	3	D	7	C	E	B	A	9	4	G	2	8	6	1	F
G	2	E	B	7	5	F	6	A	8	D	1	3	4	9	C
8	1	F	A	4	3	9	G	C	6	B	7	D	2	E	5
1	9	A	C	D	G	3	B	F	5	4	E	2	8	6	7
B	F	G	5	9	A	7	E	8	1	2	6	4	3	C	D
4	6	8	D	5	1	2	C	7	9	3	B	G	F	A	E
3	E	7	2	6	F	8	4	G	D	A	C	9	B	5	1

48

A	8	G	D	3	6	F	4	9	B	7	2	C	1	E	5
4	6	7	2	D	9	A	5	8	C	1	E	3	B	G	F
B	5	F	E	1	G	C	7	3	A	D	6	2	9	8	4
9	3	C	1	2	B	E	8	G	4	F	5	7	6	A	D
2	B	A	8	F	4	D	E	1	3	6	G	9	C	5	7
5	F	1	7	6	3	B	G	2	9	8	C	A	4	D	E
C	9	D	3	A	7	8	2	4	5	E	B	F	G	6	1
6	G	E	4	9	5	1	C	F	7	A	D	B	2	3	8
7	A	9	C	B	E	6	1	5	F	G	3	8	D	4	2
D	4	3	G	7	2	5	F	E	6	9	8	1	A	C	B
E	1	B	F	8	D	G	3	C	2	4	A	6	5	7	9
8	2	5	6	C	A	4	9	7	D	B	1	G	E	F	3
3	C	2	A	4	8	9	D	B	G	5	7	E	F	1	6
F	D	8	B	E	C	2	6	A	1	3	4	5	7	9	G
1	7	6	5	G	F	3	A	D	E	2	9	4	8	B	C
G	E	4	9	5	1	7	B	6	8	C	F	D	3	2	A

49

9	4	7	1	C	G	8	2	A	D	3	6	5	B	E	F
C	8	A	F	4	7	B	3	5	9	E	1	2	G	D	6
D	6	B	E	9	1	F	5	7	8	2	G	4	3	A	C
5	3	2	G	A	E	D	6	F	4	C	B	9	1	7	8
B	F	3	A	7	D	6	8	4	E	5	9	G	C	2	1
1	9	E	2	G	A	5	4	6	F	B	C	8	D	3	7
8	7	C	6	1	F	3	B	2	G	D	A	E	4	9	5
4	G	5	D	E	9	2	C	8	1	7	3	6	A	F	B
3	A	9	C	2	6	E	F	1	7	G	4	B	5	8	D
E	1	F	8	3	5	4	7	B	6	A	D	C	9	G	2
6	2	D	B	8	C	G	A	3	5	9	E	7	F	1	4
7	5	G	4	D	B	1	9	C	2	8	F	3	E	6	A
F	D	4	9	5	8	C	1	E	3	6	2	A	7	B	G
G	E	8	5	6	4	A	D	9	B	F	7	1	2	C	3
A	B	6	3	F	2	7	E	G	C	1	5	D	8	4	9
2	C	1	7	B	3	9	G	D	A	4	8	F	6	5	E

50

C	7	6	E	F	G	3	A	8	9	2	B	D	4	1	5
D	8	3	F	2	C	1	6	5	7	4	G	9	A	E	B
2	1	B	G	D	5	4	9	6	F	A	E	7	8	C	3
9	5	4	A	8	E	7	B	3	D	C	1	6	G	2	F
5	B	2	C	1	3	E	D	4	G	6	F	8	9	7	A
E	D	8	6	7	9	G	F	B	2	3	A	4	1	5	C
A	3	1	4	6	B	C	5	7	8	9	D	2	F	G	E
F	G	7	9	A	8	2	4	1	E	5	C	B	3	D	6
B	4	A	3	E	1	D	7	9	C	F	5	G	2	6	8
G	C	9	5	3	6	A	2	D	1	7	8	F	E	B	4
7	F	E	1	G	4	9	8	2	A	B	6	5	C	3	D
8	6	D	2	B	F	5	C	E	4	G	3	1	7	A	9
6	A	F	7	4	D	8	E	C	B	1	2	3	5	9	G
1	E	C	D	5	7	6	G	F	3	8	9	A	B	4	2
3	9	G	B	C	2	F	1	A	5	D	4	E	6	8	7
4	2	5	8	9	A	B	3	G	6	E	7	C	D	F	1

51

9	7	8	5	2	6	1	4	3
6	4	2	1	7	3	8	9	5
5	3	1	8	4	9	2	7	6
8	5	4	6	9	7	3	1	2
3	6	9	2	1	4	5	8	7
1	2	7	3	8	5	9	6	4
7	8	6	9	3	2	4	5	1
4	1	3	7	5	8	6	2	9
2	9	5	4	6	1	7	3	8

52

8	6	3	4	9	5	1	2	7
2	7	4	6	1	3	8	9	5
1	5	9	8	7	2	3	4	6
4	8	5	9	2	6	7	3	1
3	9	2	7	5	1	4	6	8
7	1	6	3	8	4	2	5	9
5	2	8	1	3	9	6	7	4
6	3	7	5	4	8	9	1	2
9	4	1	2	6	7	5	8	3

53

7	1	6	3	9	4	8	2	5
5	4	2	7	8	6	9	3	1
3	8	9	5	2	1	7	6	4
6	9	4	1	3	2	5	7	8
8	3	7	4	5	9	6	1	2
2	5	1	6	7	8	3	4	9
4	2	5	8	6	3	1	9	7
9	7	3	2	1	5	4	8	6
1	6	8	9	4	7	2	5	3

54

6	3	2	4	9	1	5	7	8
9	4	1	7	8	5	3	2	6
7	5	8	6	3	2	1	9	4
2	9	5	8	4	6	7	3	1
8	1	7	9	5	3	6	4	2
4	6	3	2	1	7	8	5	9
3	8	4	5	6	9	2	1	7
5	7	9	1	2	8	4	6	3
1	2	6	3	7	4	9	8	5

55

9	3	6	1	4	8	7	2	5
5	7	1	2	9	3	6	4	8
8	4	2	7	6	5	1	9	3
7	5	8	6	3	4	2	1	9
6	2	4	5	1	9	8	3	7
3	1	9	8	2	7	5	6	4
4	6	5	9	7	1	3	8	2
1	8	3	4	5	2	9	7	6
2	9	7	3	8	6	4	5	1

56

6	1	8	7	9	4	3	2	5
2	5	3	6	8	1	9	4	7
4	7	9	2	5	3	1	8	6
7	3	5	8	4	9	6	1	2
9	4	6	5	1	2	8	7	3
1	8	2	3	7	6	4	5	9
8	2	4	9	3	7	5	6	1
3	6	1	4	2	5	7	9	8
5	9	7	1	6	8	2	3	4

57

2	1	7	4	8	9	3	6	5
6	3	8	2	7	5	9	4	1
5	4	9	6	1	3	2	8	7
1	9	5	8	3	2	4	7	6
8	2	6	5	4	7	1	9	3
4	7	3	1	9	6	8	5	2
7	6	1	9	2	8	5	3	4
9	5	4	3	6	1	7	2	8
3	8	2	7	5	4	6	1	9

58

3	2	8	1	5	4	7	6	9
9	1	4	7	6	2	3	8	5
7	6	5	3	9	8	4	1	2
2	5	9	4	8	1	6	3	7
6	4	3	9	7	5	8	2	1
1	8	7	6	2	3	9	5	4
8	7	6	2	1	9	5	4	3
4	9	1	5	3	6	2	7	8
5	3	2	8	4	7	1	9	6

59

5	2	6	1	4	8	3	7	9
1	7	8	5	3	9	6	2	4
4	3	9	6	7	2	5	1	8
3	6	5	2	9	7	8	4	1
8	9	7	4	6	1	2	3	5
2	1	4	8	5	3	9	6	7
6	8	1	9	2	4	7	5	3
7	4	2	3	8	5	1	9	6
9	5	3	7	1	6	4	8	2

60

3	5	1	6	8	4	9	2	7
4	7	2	1	5	9	3	8	6
8	9	6	7	3	2	4	5	1
6	2	3	5	9	8	1	7	4
7	8	4	2	6	1	5	3	9
5	1	9	4	7	3	2	6	8
2	6	7	9	4	5	8	1	3
9	3	5	8	1	6	7	4	2
1	4	8	3	2	7	6	9	5

61

3	B	8	7	D	A	2	C	6	5	1	4	G	F	E	9
F	1	5	4	B	9	G	E	3	7	C	8	6	A	2	D
9	G	2	6	7	1	8	4	D	A	F	E	3	5	B	C
A	D	C	E	3	6	F	5	G	2	B	9	4	8	7	1
E	5	D	1	2	3	4	B	F	8	A	G	7	9	C	6
C	2	9	B	E	F	6	A	7	1	4	D	8	3	G	5
7	A	6	G	8	C	1	D	5	9	3	2	E	B	4	F
4	8	3	F	G	5	7	9	B	E	6	C	A	D	1	2
2	F	A	3	1	D	9	G	E	C	8	7	B	6	5	4
1	9	G	8	A	E	B	7	4	D	5	6	2	C	F	3
5	7	E	D	6	4	C	F	A	3	2	B	1	G	9	8
6	4	B	C	5	2	3	8	1	G	9	F	D	E	A	7
8	E	1	9	4	B	5	6	2	F	G	3	C	7	D	A
G	3	F	A	C	7	E	1	8	4	D	5	9	2	6	B
B	C	4	2	F	G	D	3	9	6	7	A	5	1	8	E
D	6	7	5	9	8	A	2	C	B	E	1	F	4	3	G

62

2	7	3	4	6	5	8	9	1
8	9	6	1	7	2	4	5	3
5	1	4	8	9	3	7	2	6
9	6	2	7	3	1	5	8	4
1	8	7	5	2	4	3	6	9
4	3	5	9	8	6	1	7	2
3	5	9	2	1	8	6	4	7
7	4	1	6	5	9	2	3	8
6	2	8	3	4	7	9	1	5

63

2	1	4	3	5	6	9	7	8
6	3	7	1	9	8	4	5	2
8	9	5	7	4	2	6	1	3
4	2	9	6	8	5	1	3	7
7	8	1	2	3	9	5	4	6
3	5	6	4	7	1	2	8	9
5	7	8	9	2	4	3	6	1
1	4	2	8	6	3	7	9	5
9	6	3	5	1	7	8	2	4

64

I	P	S	T	D	R	E	A	O
O	T	R	A	E	S	I	D	P
A	E	D	I	O	P	R	T	S
E	R	I	D	S	T	P	O	A
S	A	P	E	I	O	D	R	T
D	O	T	R	P	A	S	I	E
T	D	O	S	R	E	A	P	I
R	S	A	P	T	I	O	E	D
P	I	E	O	A	D	T	S	R

65

6	1	9	3	8	4	7	2	5						
5	8	4	7	1	2	9	6	3						
7	2	3	5	9	6	4	8	1						
1	3	8	9	6	5	2	7	4						
4	5	6	1	2	7	3	9	8						
2	9	7	4	3	8	1	5	6						
9	7	5	6	4	1	8	3	2	1	5	9	7	4	6
8	6	1	2	7	3	5	4	9	3	6	7	1	2	8
3	4	2	8	5	9	6	1	7	8	2	4	9	3	5
						4	5	3	9	7	2	8	6	1
						2	6	8	4	1	5	3	9	7
						7	9	1	6	3	8	2	5	4
						9	2	4	7	8	6	5	1	3
						1	7	6	5	9	3	4	8	2
						3	8	5	2	4	1	6	7	9

66

9	5	3	1	4	8	6	7	2						
4	6	8	2	3	7	5	1	9						
7	2	1	9	6	5	4	8	3						
6	3	9	8	5	4	7	2	1						
8	4	5	7	2	1	3	9	6						
2	1	7	6	9	3	8	4	5						
3	8	6	4	1	9	2	5	7	6	8	4	3	1	9
5	9	4	3	7	2	1	6	8	2	3	9	7	4	5
1	7	2	5	8	6	9	3	4	5	1	7	2	8	6
						7	1	2	8	4	6	9	5	3
						5	4	6	7	9	3	1	2	8
						3	8	9	1	2	5	4	6	7
						8	7	1	3	5	2	6	9	4
						6	9	5	4	7	1	8	3	2
						4	2	3	9	6	8	5	7	1

67

2	7	5	3	6	1	8	4	9						
3	8	4	9	5	2	6	7	1						
1	6	9	7	8	4	2	3	5						
5	1	2	8	7	9	3	6	4						
8	9	3	5	4	6	7	1	2						
7	4	6	1	2	3	5	9	8						
6	3	1	2	9	8	4	5	7	1	9	3	8	6	2
9	2	7	4	3	5	1	8	6	5	7	2	4	9	3
4	5	8	6	1	7	9	2	3	8	4	6	7	5	1
						6	9	5	2	8	4	3	1	7
						3	1	2	7	6	9	5	8	4
						7	4	8	3	5	1	6	2	9
						5	3	9	4	2	8	1	7	6
						8	6	1	9	3	7	2	4	5
						2	7	4	6	1	5	9	3	8

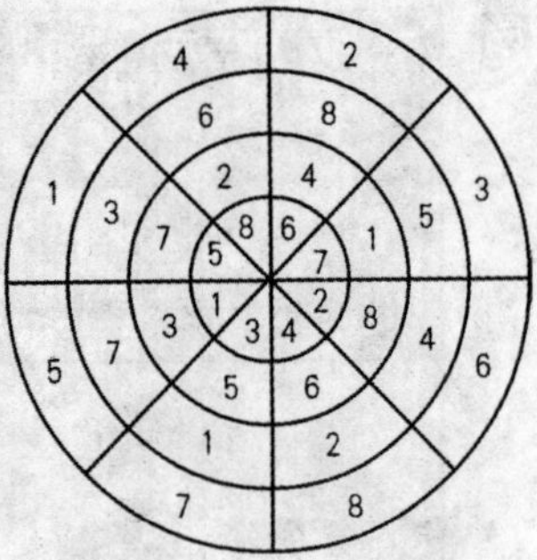

68

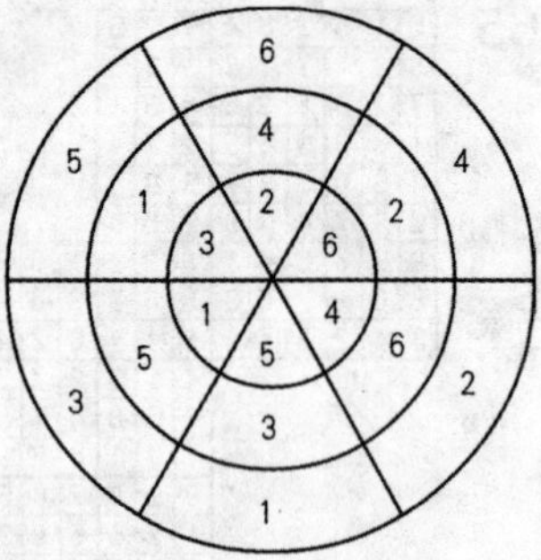

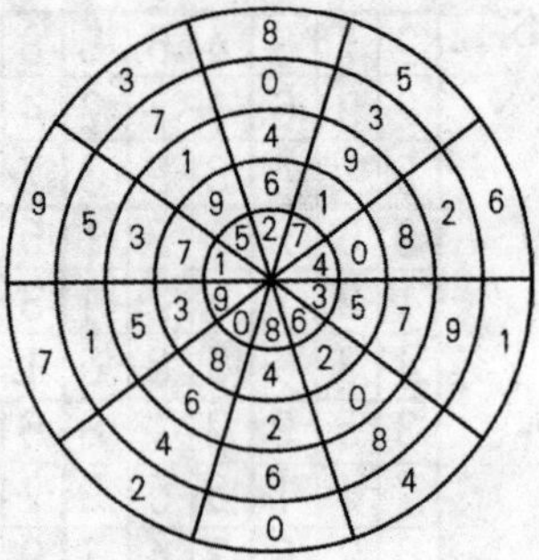

69

70

71

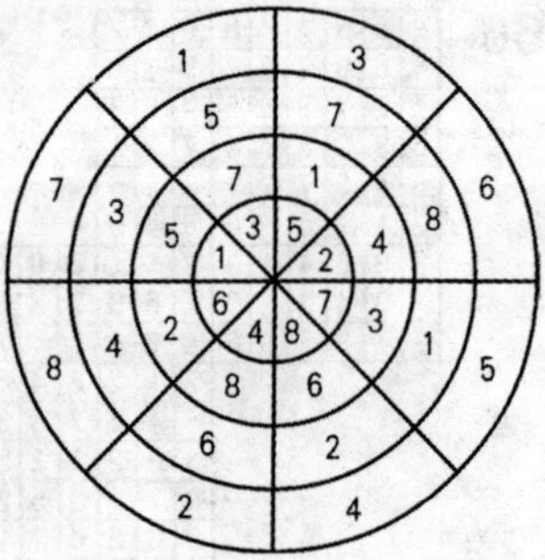

72

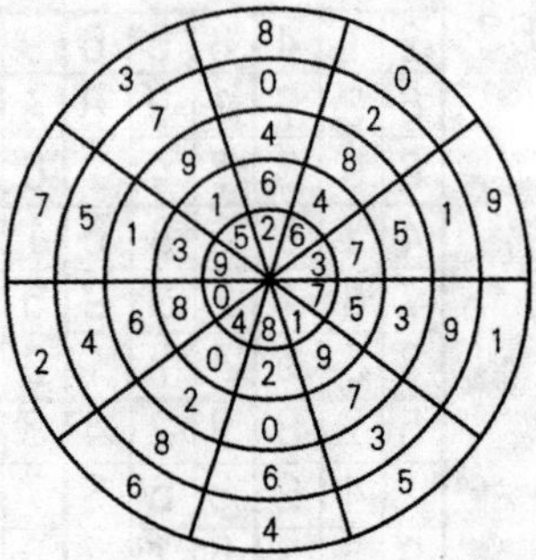

73

```
C A G 6 2 E 7 F 4 1 9 5 D 8 3 B
9 3 E 1 8 6 4 C D 7 B 2 A F G 5
2 4 7 F B 3 5 D G 8 A C 9 6 E 1
D 8 B 5 9 A G 1 3 6 F E C 7 4 2
8 G 1 B E 4 2 5 6 9 3 A 7 D C F
7 9 A C G 8 3 B 1 2 D F 6 4 5 E
6 F 2 3 C D 1 7 E 5 8 4 B G 9 A
5 E D 4 A F 9 6 C B 7 G 8 1 2 3
4 D 5 G 3 1 8 9 2 C E 7 F B A 6
E C 3 A 6 5 B G F 4 1 D 2 9 7 8
F 7 9 8 D 2 E A B 3 G 6 5 C 1 4
1 B 6 2 F 7 C 4 8 A 5 9 E 3 D G
B 5 C D 4 G A 2 7 F 6 1 3 E 8 9
A 2 8 7 1 B F E 9 D 4 3 G 5 6 C
G 1 F 9 7 C 6 3 5 E 2 8 4 A B D
3 6 4 E 5 9 D 8 A G C B 1 2 F 7
```

76

```
C 3 7 A B 9 E F G 1 8 5 2 4 6 D
D G 9 6 1 3 8 C 7 4 F 2 5 A E B
5 F 1 B 2 A 4 6 D 3 E C G 8 7 9
8 4 E 2 7 G D 5 B A 9 6 3 F 1 C
E C 4 9 A 6 F 1 8 G D 7 B 3 2 5
2 8 F 1 4 B 7 D 5 9 3 E 6 C G A
B 5 G D 8 E 3 2 6 C A 4 9 1 F 7
A 7 6 3 5 C G 9 F 2 1 B 4 E D 8
F A B E D 4 9 G C 5 2 1 8 7 3 6
7 6 C 8 F 1 5 E 4 D G 3 A B 9 2
G 1 3 5 C 2 B A 9 7 6 8 E D 4 F
9 2 D 4 3 7 6 8 A E B F C G 5 1
6 B 2 C 9 D A 4 3 F 7 G 1 5 8 E
3 9 8 7 G F 1 B E 6 5 A D 2 C 4
4 D 5 F E 8 2 3 1 B C 9 7 6 A G
1 E A G 6 5 C 7 2 8 4 D F 9 B 3
```

74

```
C G 1 B D A E 7 4 3 F 5 9 8 6 2
8 6 A F 9 G B 4 E 1 D 2 3 5 C 7
9 3 7 E 5 2 8 C G 6 B A 4 D 1 F
D 5 2 4 F 6 1 3 C 9 7 8 A B G E
7 C 3 2 G 6 F B 4 A 1 5 E 8 D 9
6 4 E D A 1 7 5 F 8 2 C G 9 B 3
A 1 G 8 2 D 4 B 3 5 9 E 7 6 F C
B 9 F 5 C E 3 8 7 D G 6 1 4 2 A
5 7 D 1 B 8 9 G 2 F C 4 E 3 A 6
E A C 3 4 7 2 1 6 B 8 9 F G D 5
F 2 4 9 6 3 C D A E 5 G B 1 7 8
G 8 B 6 E 5 F A 1 7 3 D 2 C 4 9
1 F 9 G 7 4 A E 8 C 6 3 D 2 5 B
4 B 6 7 1 C D 9 5 2 E F 8 A 3 G
2 E 8 A 3 B 5 6 D G 4 7 C F 9 1
3 D 5 C 8 F G 2 9 A 1 B 6 7 E 4
```

75

```
6 3 G A B F D 7 8 1 5 9 C 2 E 4
5 7 C F 6 9 E 4 3 D 2 A 1 G 8 B
B 4 E 1 2 5 3 8 6 F C G 9 A D 7
9 2 8 D 1 A G C E 7 4 B 3 5 6 F
C 6 4 8 9 B 5 F 2 A 1 7 E D 3 G
D F 3 2 A 1 8 G 4 9 B E 5 7 C 6
E 5 B 9 7 3 C 6 G 8 F D 2 4 A 1
1 A 7 G E 2 4 D 5 6 3 C 8 B F 9
A 1 F 3 C 4 B 5 9 6 D E 2 8 7 8
2 G 5 7 D 6 9 E C 4 8 3 B F 1 A
8 C 9 B G 7 A 2 F E D 1 6 3 4 5
4 E D 6 3 8 F 1 B 5 A 2 7 9 G C
F D 2 4 8 E 6 9 1 B G 5 A C 7 3
G 9 A 5 F C 1 3 7 2 E 8 4 6 B D
3 8 6 E 4 D 7 B A C 9 F G 1 5 2
7 B 1 C 5 G 2 A D 3 6 4 F 8 9 E
```

77

```
4 3 8 6 7 1 2 9 5    5 6 9 1 8 4 3 2 7
1 5 2 4 3 9 7 6 8    3 1 8 7 2 6 9 4 5
9 6 7 2 5 8 4 1 3    2 4 7 5 3 9 6 8 1
7 1 4 3 8 5 6 2 9    4 8 5 6 7 1 2 9 3
5 8 6 9 1 2 3 7 4    7 9 1 2 4 3 8 6 5
3 2 9 7 6 4 8 5 1    6 2 3 9 5 8 1 7 4
2 7 5 8 9 3 1 4 6    9 3 7 8 2 4 6 7 5 1 9
6 9 3 1 4 7 5 2 8    8 1 5 6 4 7 8 1 5 2 8
8 4 1 5 2 6 9 3 7    9 3 7 5 2 8 1 5 4 3 9 2 7 6 8
            6 9 4 1 8 3 5 2 7
            2 5 8 6 7 4 3 9 1
            3 7 1 9 2 5 4 6 8
1 5 8 9 2 4 7 6 3    4 1 9 6 4 7 3 9 1
3 7 9 6 1 8 4 2 5    8 3 6 7 1 5 2 3 1 8 4 2 5
4 2 6 3 7 5 8 9 1    9 8 1 5 4 6 7 8 5 2
8 3 2 7 9 6 5 1 4    9 5 6 2 8 4 1 3 7
9 4 7 5 8 1 2 3 6    1 7 2 3 9 6 5 8 4
6 1 5 2 4 3 9 8 7    3 6 8 1 5 4 9 2 1 3 7 6 2 8 4
5 8 4 1 3 9 6 7 2    8 6 4 1 3 9 2 7 5
7 9 3 8 6 2 5 4 1    3 2 1 4 7 5 9 6 8
2 6 1 4 5 7 3 9 8    5 9 7 8 6 2 4 1 3
```

78

```
6 5 9 7 1 2 3 4 8    3 8 1 6 5 2 8 7 9
7 3 4 5 6 8 1 2 9    5 7 8 9 3 1 6 4 2
1 2 8 9 4 3 5 7 6    9 2 4 8 7 6 3 1 5
5 4 2 8 7 1 6 9 3    4 5 7 3 6 8 9 2 1
9 7 3 2 5 6 6 1 4    6 1 9 7 2 4 5 3 8
8 1 6 4 3 9 7 5 2    8 3 2 5 1 9 4 6 7
4 6 1 3 2 5 9 8 7 4 3 2 8 1 5 2 8 3 7 9 4
3 8 7 1 9 4 6 8 7 4 3 1 9 5 1 9 5 2 6 4 5 3
2 9 5 6 8 7 4 3 1 5 7 6 2 8 9 6 4 1 5 3
            5 1 3 2 6 4 8 9 7
            6 2 9 8 5 7 4 3 1
            7 4 8 9 1 3 5 2 6
1 5 8 6 7 2 3 9 4    7 2 5 1 8 3 7 4 3 2 5 9
4 7 2 1 3 9 8 5 6 3 4 1 1 7 2 1 5 6 8 3 4
9 3 6 4 8 5 1 7 2 3 5 4 2 8 9 7 6 1
2 4 1 8 9 3 5 6 7    3 8 9 6 2 7 4 1 5
5 8 9 7 4 6 2 3 1    5 1 6 8 3 4 9 7 2
6 7 3 2 5 1 4 8 9    4 2 7 9 1 5 6 8 3
8 1 4 9 6 7 9 2 5    2 4 5 3 6 8 1 9 7
6 2 5 9 1 8 7 4 3    6 2 5 1 9 2 8 4 6
7 9 3 5 2 4 6 1 8    7 8 3 4 6 1 7 5 2 3
```

79

▶ 最强大脑 ▶
越玩越聪明的数独游戏

高级篇：成熟高手

1

9	4	2	1	3	8	5	7	6
3	5	8	7	4	6	9	2	1
6	1	7	9	2	5	4	3	8
2	3	9	8	1	4	6	5	7
1	8	4	6	5	7	2	9	3
7	6	5	3	9	2	8	1	4
5	7	1	4	8	9	3	6	2
8	9	3	2	6	1	7	4	5
4	2	6	5	7	3	1	8	9

4

7	3	8	9	2	6	4	1	5
5	2	6	8	1	4	7	9	3
9	1	4	7	5	3	2	8	6
8	4	3	5	6	7	9	2	1
6	9	1	3	4	2	8	5	7
2	5	7	1	8	9	6	3	4
3	8	2	6	7	5	1	4	9
1	7	9	4	3	8	5	6	2
4	6	5	2	9	1	3	7	8

2

4	2	6	1	3	7	9	5	8
8	5	3	2	4	9	1	7	6
7	1	9	5	6	8	4	3	2
6	7	5	8	1	4	2	9	3
1	8	4	9	2	3	5	6	7
9	3	2	7	5	6	8	4	1
5	9	1	3	7	2	6	8	4
3	4	8	6	9	1	7	2	5
2	6	7	4	8	5	3	1	9

5

3	9	7	5	2	8	6	4	1
1	4	5	7	6	3	9	8	2
6	2	8	9	4	1	7	5	3
4	3	1	6	5	7	8	2	9
9	5	2	8	1	4	3	7	6
8	7	6	2	3	9	5	1	4
5	1	3	4	7	6	2	9	8
2	8	4	3	9	5	1	6	7
7	6	9	1	8	2	4	3	5

3

6	3	9	1	4	5	2	8	7
2	1	8	6	3	7	5	4	9
7	4	5	2	8	9	1	6	3
9	8	6	5	2	3	7	1	4
4	2	3	8	7	1	6	9	5
5	7	1	4	9	6	3	2	8
1	5	4	3	6	8	9	7	2
3	9	2	7	1	4	8	5	6
8	6	7	9	5	2	4	3	1

6

3	6	1	2	8	5	7	4	9
5	2	4	9	3	7	8	6	1
9	8	7	4	1	6	5	3	2
1	5	6	3	4	8	2	9	7
8	4	3	7	2	9	1	5	6
7	9	2	6	5	1	3	8	4
2	1	9	5	6	3	4	7	8
6	3	8	1	7	4	9	2	5
4	7	5	8	9	2	6	1	3

7

7	5	2	6	9	3	4	1	8
1	9	3	5	4	8	7	2	6
6	4	8	1	2	7	5	3	9
4	2	1	9	8	5	3	6	7
9	6	5	3	7	2	1	8	4
3	8	7	4	6	1	2	9	5
2	3	4	8	5	9	6	7	1
8	7	6	2	1	4	9	5	3
5	1	9	7	3	6	8	4	2

8

2	9	6	4	1	3	7	8	5
7	4	8	2	5	6	1	3	9
1	5	3	9	8	7	4	2	6
6	2	4	8	3	5	9	1	7
8	3	1	7	4	9	5	6	2
5	7	9	1	6	2	8	4	3
9	8	2	6	7	4	3	5	1
4	6	5	3	9	1	2	7	8
3	1	7	5	2	8	6	9	4

9

2	4	5	7	8	3	6	9	1
1	9	8	6	5	2	4	3	7
6	7	3	1	4	9	5	2	8
5	8	6	3	2	7	9	1	4
7	2	4	9	1	5	3	8	6
3	1	9	8	6	4	2	7	5
9	5	7	4	3	1	8	6	2
8	3	2	5	7	6	1	4	9
4	6	1	2	9	8	7	5	3

10

7	2	1	6	4	9	5	3	8
8	5	9	7	3	1	4	2	6
6	3	4	5	8	2	9	7	1
5	7	6	3	9	8	1	4	2
1	9	8	2	7	4	3	6	5
2	4	3	1	5	6	7	8	9
3	6	5	8	1	7	2	9	4
4	8	7	9	2	5	6	1	3
9	1	2	4	6	3	8	5	7

11

7	2	6	3	4	5	9	1	8
8	1	5	6	2	9	7	4	3
4	9	3	1	8	7	6	5	2
9	8	4	2	6	3	1	7	5
2	5	1	7	9	4	8	3	6
3	6	7	5	1	8	2	9	4
6	7	2	4	3	1	5	8	9
5	3	8	9	7	2	4	6	1
1	4	9	8	5	6	3	2	7

12

2	6	1	7	3	8	5	4	9
3	7	5	2	4	9	1	6	8
8	4	9	6	5	1	3	2	7
6	1	4	9	7	2	8	5	3
9	8	7	5	6	3	2	1	4
5	3	2	8	1	4	7	9	6
7	5	8	4	2	6	9	3	1
4	2	3	1	9	7	6	8	5
1	9	6	3	8	5	4	7	2

13

2	5	3	1	6	8	7	4	9
9	4	1	7	3	5	6	2	8
6	7	8	2	4	9	3	1	5
3	1	7	9	2	4	8	5	6
4	6	2	5	8	3	1	9	7
8	9	5	6	1	7	4	3	2
1	3	9	8	7	2	5	6	4
7	2	4	3	5	6	9	8	1
5	8	6	4	9	1	2	7	3

14

2	3	7	5	8	9	4	1	6
6	8	9	4	7	1	2	3	5
1	4	5	3	6	2	8	7	9
5	1	6	2	4	8	7	9	3
8	2	3	1	9	7	6	5	4
7	9	4	6	3	5	1	2	8
4	5	1	8	2	3	9	6	7
9	6	2	7	5	4	3	8	1
3	7	8	9	1	6	5	4	2

15

4	5	7	6	2	1	9	8	3
2	9	3	8	7	5	4	6	1
1	8	6	3	9	4	7	5	2
3	2	8	1	4	6	5	9	7
6	7	9	5	3	2	1	4	8
5	4	1	9	8	7	2	3	6
8	3	4	2	1	9	6	7	5
9	1	5	7	6	8	3	2	4
7	6	2	4	5	3	8	1	9

16

6	2	3	5	7	9	8	1	4
8	5	9	6	4	1	7	3	2
1	4	7	2	8	3	5	9	6
5	7	6	9	1	2	4	8	3
4	1	8	3	5	7	2	6	9
3	9	2	8	6	4	1	7	5
7	8	5	4	3	6	9	2	1
2	3	1	7	9	5	6	4	8
9	6	4	1	2	8	3	5	7

17

6	9	7	2	8	4	1	3	5
8	3	2	9	5	1	7	6	4
5	4	1	6	3	7	9	2	8
1	6	4	3	9	5	8	7	2
3	2	8	4	7	6	5	1	9
9	7	5	8	1	2	6	4	3
7	8	9	1	2	3	4	5	6
2	5	6	7	4	9	3	8	1
4	1	3	5	6	8	2	9	7

18

7	4	5	8	9	2	6	3	1
6	2	1	3	7	5	9	8	4
3	9	8	1	4	6	2	7	5
1	3	9	5	8	7	4	6	2
2	8	7	4	6	1	3	5	9
5	6	4	2	3	9	7	1	8
8	7	2	9	5	3	1	4	6
9	5	3	6	1	4	8	2	7
4	1	6	7	2	8	5	9	3

19

4	7	6	3	1	5	8	2	9
2	1	3	8	9	4	5	6	7
9	8	5	2	6	7	1	3	4
7	6	8	1	4	9	2	5	3
5	2	9	6	3	8	4	7	1
1	3	4	5	7	2	9	8	6
8	4	1	7	5	6	3	9	2
3	5	7	9	2	1	6	4	8
6	9	2	4	8	3	7	1	5

20

1	8	7	9	6	4	3	2	5
6	5	3	2	1	8	9	7	4
2	9	4	5	3	7	8	6	1
3	7	6	4	2	9	5	1	8
9	4	2	1	8	5	6	3	7
8	1	5	3	7	6	4	9	2
5	2	1	6	4	3	7	8	9
4	6	8	7	9	1	2	5	3
7	3	9	8	5	2	1	4	6

21

6	9	7	1	3	8	2	4	5
8	5	3	4	2	9	7	6	1
4	1	2	6	5	7	8	9	3
2	4	5	7	8	1	6	3	9
1	3	6	2	9	4	5	8	7
9	7	8	3	6	5	1	2	4
7	2	9	8	1	3	4	5	6
5	6	4	9	7	2	3	1	8
3	8	1	5	4	6	9	7	2

22

7	3	2	1	4	5	6	9	8
6	1	4	8	9	3	5	2	7
8	9	5	2	7	6	4	3	1
5	4	3	6	8	9	1	7	2
2	7	9	3	5	1	8	6	4
1	8	6	7	2	4	3	5	9
3	6	8	9	1	2	7	4	5
9	5	7	4	3	8	2	1	6
4	2	1	5	6	7	9	8	3

23

5	2	9	4	7	8	1	6	3
4	3	1	5	6	2	7	8	9
8	6	7	1	3	9	5	4	2
3	9	4	2	8	1	6	5	7
6	7	8	9	5	3	4	2	1
2	1	5	6	4	7	3	9	8
1	5	3	8	9	6	2	7	4
7	8	6	3	2	4	9	1	5
9	4	2	7	1	5	8	3	6

24

3	8	9	6	2	1	5	7	4
6	7	1	4	3	5	8	2	9
2	5	4	8	7	9	1	3	6
5	1	7	9	8	3	4	6	2
9	4	2	5	1	6	3	8	7
8	6	3	7	4	2	9	1	5
1	9	8	2	5	7	6	4	3
7	3	6	1	9	4	2	5	8
4	2	5	3	6	8	7	9	1

25

3	4	7	9	2	6	8	1	5
5	9	6	8	1	3	2	4	7
8	1	2	7	5	4	9	6	3
7	8	5	4	9	1	6	3	2
4	6	1	3	8	2	5	7	9
2	3	9	5	6	7	4	8	1
9	7	4	6	3	5	1	2	8
1	5	3	2	4	8	7	9	6
6	2	8	1	7	9	3	5	4

26

5	3	6	7	1	2	8	4	9
7	9	1	6	4	8	3	2	5
2	8	4	9	3	5	7	1	6
9	6	2	8	5	4	1	3	7
1	7	8	3	2	9	5	6	4
4	5	3	1	6	7	9	8	2
3	2	5	4	7	1	6	9	8
6	4	9	5	8	3	2	7	1
8	1	7	2	9	6	4	5	3

27

5	1	9	4	3	8	6	7	2
3	6	2	7	1	9	4	8	5
7	8	4	5	2	6	9	3	1
6	5	3	8	4	2	7	1	9
4	2	7	6	9	1	3	5	8
1	9	8	3	7	5	2	4	6
8	4	5	9	6	3	1	2	7
9	7	1	2	8	4	5	6	3
2	3	6	1	5	7	8	9	4

28

1	9	6	3	2	7	4	5	8
5	7	4	9	8	1	3	2	6
8	2	3	6	4	5	1	9	7
2	3	1	8	5	9	6	7	4
7	6	5	4	3	2	9	8	1
9	4	8	7	1	6	2	3	5
4	5	2	1	7	3	8	6	9
6	1	7	2	9	8	5	4	3
3	8	9	5	6	4	7	1	2

29

1	6	2	4	8	3	9	7	5
4	3	8	9	7	5	2	6	1
9	5	7	1	6	2	4	3	8
3	7	5	8	2	9	1	4	6
8	2	1	6	5	4	7	9	3
6	9	4	3	1	7	5	8	2
2	1	9	7	3	6	8	5	4
5	4	3	2	9	8	6	1	7
7	8	6	5	4	1	3	2	9

30

3	5	9	8	2	7	1	4	6
1	4	8	6	3	5	2	9	7
6	7	2	9	1	4	3	8	5
9	1	5	7	6	3	8	2	4
8	2	6	5	4	9	7	1	3
4	3	7	2	8	1	6	5	9
5	6	1	4	7	8	9	3	2
7	9	3	1	5	2	4	6	8
2	8	4	3	9	6	5	7	1

31

5	8	1	6	2	4	9	3	7
3	9	7	8	1	5	4	6	2
4	2	6	9	3	7	8	1	5
6	5	9	3	4	1	7	2	8
2	4	3	7	9	8	6	5	1
1	7	8	5	6	2	3	9	4
9	1	5	4	7	6	2	8	3
8	6	4	2	5	3	1	7	9
7	3	2	1	8	9	5	4	6

34

4	7	5	8	1	3	9	6	2
3	9	6	2	5	7	8	1	4
2	8	1	4	6	9	5	7	3
5	6	3	7	9	2	1	4	8
9	4	8	5	3	1	7	2	6
1	2	7	6	8	4	3	9	5
7	5	9	3	2	6	4	8	1
8	1	2	9	4	5	6	3	7
6	3	4	1	7	8	2	5	9

32

4	3	7	6	9	1	2	8	5
8	2	6	7	5	4	9	3	1
1	9	5	3	2	8	6	7	4
7	5	4	2	1	3	8	9	6
9	8	2	4	6	7	1	5	3
3	6	1	9	8	5	4	2	7
6	1	3	8	7	9	5	4	2
2	4	8	5	3	6	7	1	9
5	7	9	1	4	2	3	6	8

35

3	8	6	7	2	4	5	9	1
2	1	7	5	3	9	4	8	6
9	4	5	1	6	8	3	7	2
8	7	1	2	5	6	9	3	4
6	3	2	4	9	7	1	5	8
5	9	4	8	1	3	6	2	7
1	2	9	6	8	5	7	4	3
4	5	8	3	7	1	2	6	9
7	6	3	9	4	2	8	1	5

33

4	9	7	3	8	5	2	6	1
3	1	5	2	7	6	8	4	9
8	6	2	1	4	9	7	5	3
6	4	1	8	5	7	9	3	2
9	7	8	4	3	2	5	1	6
5	2	3	6	9	1	4	8	7
7	8	6	5	2	3	1	9	4
2	3	4	9	1	8	6	7	5
1	5	9	7	6	4	3	2	8

36

9	7	3	8	2	1	5	4	6
6	8	1	5	4	7	9	2	3
2	5	4	9	6	3	1	8	7
1	6	7	4	3	2	8	9	5
8	3	5	7	1	9	4	6	2
4	2	9	6	8	5	3	7	1
5	9	2	3	7	8	6	1	4
7	4	8	1	5	6	2	3	9
3	1	6	2	9	4	7	5	8

37

1	7	3	4	8	5	9	6	2
5	8	9	2	6	3	1	4	7
6	2	4	1	9	7	5	3	8
3	6	8	9	7	2	4	1	5
4	9	7	3	5	1	8	2	6
2	5	1	6	4	8	3	7	9
7	4	6	8	3	9	2	5	1
9	3	2	5	1	6	7	8	4
8	1	5	7	2	4	6	9	3

38

1	8	6	2	7	4	5	3	9
9	4	7	1	3	5	6	2	8
3	5	2	9	6	8	4	1	7
8	7	9	6	4	2	1	5	3
5	6	3	7	1	9	8	4	2
2	1	4	5	8	3	7	9	6
6	9	8	4	2	1	3	7	5
4	3	5	8	9	7	2	6	1
7	2	1	3	5	6	9	8	4

39

1	3	7	8	5	9	6	2	4
4	2	6	3	1	7	9	8	5
8	5	9	4	6	2	3	7	1
3	7	2	1	4	6	5	9	8
5	9	4	7	2	8	1	6	3
6	1	8	9	3	5	2	4	7
7	4	1	2	9	3	8	5	6
2	8	5	6	7	1	4	3	9
9	6	3	5	8	4	7	1	2

40

6	1	7	2	5	8	3	9	4
5	8	4	9	3	7	6	2	1
2	9	3	6	1	4	7	8	5
3	5	8	7	4	2	9	1	6
9	7	2	5	6	1	8	4	3
1	4	6	3	8	9	5	7	2
4	3	1	8	7	5	2	6	9
7	2	5	1	9	6	4	3	8
8	6	9	4	2	3	1	5	7

41

7	2	8	1	4	5	3	9	6
9	6	1	3	8	2	4	7	5
5	4	3	9	7	6	1	2	8
3	1	4	6	2	8	7	5	9
8	5	6	7	9	4	2	1	3
2	7	9	5	1	3	6	8	4
4	9	5	2	6	1	8	3	7
6	3	2	8	5	7	9	4	1
1	8	7	4	3	9	5	6	2

42

1	3	5	4	9	7	8	6	2
9	2	6	3	5	8	4	7	1
4	7	8	2	6	1	3	9	5
7	4	3	5	1	2	9	8	6
8	6	2	9	7	3	1	5	4
5	1	9	8	4	6	7	2	3
2	8	4	6	3	9	5	1	7
3	9	7	1	2	5	6	4	8
6	5	1	7	8	4	2	3	9

43

6	3	2	8	1	9	5	4	7
9	4	7	5	2	6	8	3	1
8	5	1	4	7	3	2	9	6
7	1	9	6	5	2	4	8	3
5	2	3	1	4	8	6	7	9
4	8	6	9	3	7	1	2	5
1	7	8	2	9	5	3	6	4
3	6	5	7	8	4	9	1	2
2	9	4	3	6	1	7	5	8

46

5	6	1	3	7	2	9	8	4
2	9	8	4	6	1	5	3	7
7	3	4	5	9	8	6	1	2
8	7	2	9	4	3	1	5	6
3	4	6	2	1	5	7	9	8
1	5	9	6	8	7	4	2	3
4	1	7	8	3	9	2	6	5
9	8	5	7	2	6	3	4	1
6	2	3	1	5	4	8	7	9

44

3	6	9	2	5	8	7	4	1
7	8	1	6	3	4	9	5	2
5	4	2	9	1	7	6	3	8
9	1	6	5	2	3	8	7	4
4	3	8	1	7	6	2	9	5
2	7	5	4	8	9	1	6	3
1	9	3	7	4	2	5	8	6
8	5	7	3	6	1	4	2	9
6	2	4	8	9	5	3	1	7

47

8	3	7	1	6	5	9	4	2
4	5	2	3	9	8	1	6	7
9	6	1	4	2	7	8	5	3
7	8	4	5	3	2	6	9	1
3	2	6	9	8	1	5	7	4
5	1	9	6	7	4	3	2	8
1	4	3	2	5	9	7	8	6
2	7	5	8	1	6	4	3	9
6	9	8	7	4	3	2	1	5

45

9	6	7	5	4	3	1	8	2
1	8	5	7	9	2	6	4	3
4	3	2	6	8	1	5	7	9
8	5	3	1	7	9	4	2	6
6	9	4	2	5	8	7	3	1
2	7	1	4	3	6	8	9	5
3	4	9	8	6	5	2	1	7
7	2	6	9	1	4	3	5	8
5	1	8	3	2	7	9	6	4

48

8	5	9	6	2	4	3	1	7
4	6	2	1	7	3	5	9	8
7	3	1	5	9	8	6	4	2
9	1	8	7	4	6	2	5	3
3	2	4	8	1	5	9	7	6
5	7	6	9	3	2	1	8	4
6	4	5	3	8	9	7	2	1
2	9	7	4	6	1	8	3	5
1	8	3	2	5	7	4	6	9

49

1	7	4	6	8	9	2	3	5
5	6	2	3	1	4	9	8	7
9	3	8	5	2	7	6	1	4
7	9	6	2	4	3	8	5	1
4	5	3	8	9	1	7	6	2
2	8	1	7	5	6	3	4	9
6	2	5	4	7	8	1	9	3
3	4	9	1	6	2	5	7	8
8	1	7	9	3	5	4	2	6

50

2	5	6	3	8	4	9	7	1
8	7	4	5	9	1	2	3	6
1	3	9	7	6	2	4	8	5
6	9	3	4	2	8	1	5	7
7	1	5	9	3	6	8	2	4
4	8	2	1	5	7	6	9	3
5	6	1	8	7	9	3	4	2
9	4	7	2	1	3	5	6	8
3	2	8	6	4	5	7	1	9

51

9	5	7	2	6	3	4	8	1
1	4	6	8	7	9	5	3	2
8	2	3	1	5	4	6	7	9
5	8	9	7	2	6	3	1	4
4	7	2	3	1	8	9	5	6
6	3	1	9	4	5	7	2	8
7	6	8	5	9	1	2	4	3
3	9	5	4	8	2	1	6	7
2	1	4	6	3	7	8	9	5

52

6	5	3	2	8	9	1	7	4
2	1	7	3	5	4	6	9	8
8	9	4	7	1	6	3	5	2
5	2	8	9	6	3	7	4	1
7	6	9	5	4	1	8	2	3
3	4	1	8	2	7	5	6	9
1	3	6	4	9	5	2	8	7
9	7	2	6	3	8	4	1	5
4	8	5	1	7	2	9	3	6

53

7	6	3	9	8	5	4	2	1
8	1	4	3	7	2	5	6	9
2	5	9	6	4	1	3	7	8
6	2	7	4	1	8	9	5	3
3	4	1	5	6	9	7	8	2
9	8	5	2	3	7	6	1	4
4	7	2	1	9	6	8	3	5
5	9	8	7	2	3	1	4	6
1	3	6	8	5	4	2	9	7

54

4	8	3	7	9	1	5	2	6
2	5	1	4	8	6	9	7	3
7	6	9	5	3	2	4	1	8
3	2	6	1	5	9	7	8	4
5	4	8	6	7	3	1	9	2
9	1	7	8	2	4	3	6	5
8	9	5	2	4	7	6	3	1
6	7	2	3	1	5	8	4	9
1	3	4	9	6	8	2	5	7

55

9	7	4	1	6	3	2	5	8
2	8	1	4	9	5	6	7	3
3	5	6	2	8	7	9	4	1
8	4	9	3	7	1	5	2	6
5	1	2	8	4	6	7	3	9
6	3	7	5	2	9	1	8	4
4	9	5	7	1	8	3	6	2
1	2	3	6	5	4	8	9	7
7	6	8	9	3	2	4	1	5

58

2	7	8	5	6	1	3	4	9
1	4	5	3	7	9	2	8	6
9	6	3	2	4	8	7	1	5
4	8	6	9	3	2	1	5	7
5	3	2	6	1	7	8	9	4
7	1	9	4	8	5	6	2	3
3	9	1	7	2	4	5	6	8
8	5	7	1	9	6	4	3	2
6	2	4	8	5	3	9	7	1

56

5	1	6	2	9	7	3	4	8
7	4	3	8	5	6	1	9	2
2	9	8	4	1	3	7	6	5
8	5	9	1	7	4	6	2	3
4	2	1	6	3	9	5	8	7
6	3	7	5	2	8	4	1	9
1	8	2	7	4	5	9	3	6
9	7	4	3	6	2	8	5	1
3	6	5	9	8	1	2	7	4

59

1	9	7	6	5	8	4	2	3
5	3	2	9	7	4	8	6	1
8	6	4	1	3	2	9	7	5
4	8	6	5	9	1	7	3	2
7	5	3	4	2	6	1	9	8
2	1	9	7	8	3	5	4	6
3	7	8	2	1	9	6	5	4
9	4	1	3	6	5	2	8	7
6	2	5	8	4	7	3	1	9

57

9	3	6	5	1	7	4	2	8
4	7	1	2	9	8	5	3	6
2	8	5	3	4	6	1	7	9
6	2	7	9	8	5	3	1	4
3	5	8	1	6	4	7	9	2
1	4	9	7	2	3	8	6	5
5	9	2	8	3	1	6	4	7
8	1	4	6	7	9	2	5	3
7	6	3	4	5	2	9	8	1

60

2	1	8	4	6	3	5	7	9
5	6	4	8	9	7	2	1	3
3	7	9	2	1	5	8	4	6
7	4	2	1	3	8	6	9	5
9	3	6	5	7	4	1	8	2
8	5	1	6	2	9	7	3	4
1	9	5	7	4	6	3	2	8
4	8	7	3	5	2	9	6	1
6	2	3	9	8	1	4	5	7

▶ 最强大脑 ▶
越玩越聪明的数独游戏

61

4	6	9	7	5	2	3	1	8
3	1	7	4	8	6	2	5	9
2	8	5	3	9	1	4	6	7
1	5	4	2	6	9	7	8	3
9	3	6	1	7	8	5	2	4
7	2	8	5	4	3	1	9	6
5	9	2	6	3	7	8	4	1
6	4	3	8	1	5	9	7	2
8	7	1	9	2	4	6	3	5

64

7	4	6	8	9	1	2	5	3
1	2	8	5	7	3	9	4	6
3	5	9	2	6	4	8	7	1
5	9	7	1	3	6	4	8	2
8	1	3	4	2	9	5	6	7
4	6	2	7	8	5	1	3	9
6	3	1	9	5	8	7	2	4
9	7	5	6	4	2	3	1	8
2	8	4	3	1	7	6	9	5

62

7	2	6	4	3	8	5	9	1
5	9	3	1	2	7	8	6	4
8	1	4	9	5	6	7	3	2
4	8	7	5	6	1	3	2	9
3	5	2	7	4	9	1	8	6
9	6	1	2	8	3	4	5	7
2	7	9	3	1	5	6	4	8
1	3	8	6	9	4	2	7	5
6	4	5	8	7	2	9	1	3

65

7	4	9	5	2	3	6	8	1
5	2	1	8	9	6	7	3	4
8	6	3	4	1	7	9	2	5
9	1	2	7	3	5	8	4	6
3	8	5	9	6	4	1	7	2
4	7	6	1	8	2	3	5	9
6	5	8	3	4	9	2	1	7
2	3	4	6	7	1	5	9	8
1	9	7	2	5	8	4	6	3

63

9	5	2	7	3	4	8	6	1
6	8	4	1	2	5	3	9	7
7	3	1	6	9	8	2	4	5
8	9	7	5	6	2	4	1	3
2	4	6	3	8	1	7	5	9
3	1	5	9	4	7	6	2	8
4	2	9	8	5	3	1	7	6
1	6	8	4	7	9	5	3	2
5	7	3	2	1	6	9	8	4

66

9	8	4	2	6	5	7	1	3
5	2	3	1	8	7	4	6	9
1	7	6	3	4	9	8	5	2
2	1	7	4	9	3	6	8	5
3	4	8	5	7	6	9	2	1
6	5	9	8	2	1	3	4	7
4	6	5	7	3	2	1	9	8
8	3	2	9	1	4	5	7	6
7	9	1	6	5	8	2	3	4

67

2	6	5	4	1	8	3	7	9
9	8	4	3	7	2	1	5	6
3	1	7	5	6	9	2	4	8
5	3	6	2	8	4	7	9	1
8	4	1	9	3	7	6	2	5
7	9	2	6	5	1	8	3	4
6	2	8	7	4	5	9	1	3
4	7	3	1	9	6	5	8	2
1	5	9	8	2	3	4	6	7

70

2	9	1	4	6	5	3	7	8
4	5	3	7	2	8	6	1	9
7	8	6	1	3	9	4	2	5
5	3	7	9	1	4	2	8	6
8	2	4	6	5	7	1	9	3
1	6	9	3	8	2	7	5	4
3	4	5	2	9	1	8	6	7
9	7	2	8	4	6	5	3	1
6	1	8	5	7	3	9	4	2

68

6	2	3	8	5	1	4	7	9
4	5	1	7	9	2	3	6	8
7	9	8	3	4	6	2	5	1
5	1	2	6	8	4	7	9	3
3	4	7	2	1	9	6	8	5
8	6	9	5	7	3	1	4	2
9	8	6	1	2	7	5	3	4
2	7	5	4	3	8	9	1	6
1	3	4	9	6	5	8	2	7

71

6	4	5	3	1	8	2	7	9
7	8	1	9	2	5	3	6	4
3	9	2	7	4	6	1	5	8
8	3	6	1	5	9	7	4	2
9	5	7	2	3	4	6	8	1
1	2	4	6	8	7	5	9	3
2	7	9	8	6	1	4	3	5
4	6	3	5	9	2	8	1	7
5	1	8	4	7	3	9	2	6

69

9	4	3	7	2	5	1	8	6
6	2	1	8	9	3	5	4	7
7	8	5	4	1	6	9	2	3
2	6	7	9	8	4	3	5	1
3	9	8	5	6	1	2	7	4
1	5	4	3	7	2	6	9	8
4	1	9	2	3	8	7	6	5
8	7	6	1	5	9	4	3	2
5	3	2	6	4	7	8	1	9

72

7	6	1	8	4	5	2	9	3
3	5	8	2	9	1	4	7	6
9	4	2	3	7	6	8	1	5
8	9	7	1	3	4	6	5	2
2	1	4	5	6	7	9	3	8
6	3	5	9	8	2	1	4	7
4	2	9	6	5	3	7	8	1
1	7	3	4	2	8	5	6	9
5	8	6	7	1	9	3	2	4

最强大脑
越玩越聪明的数独游戏

73

7	4	3	2	8	1	9	6	5
2	9	6	3	5	7	8	4	1
1	8	5	4	6	9	2	7	3
4	5	2	7	1	3	6	8	9
9	7	8	6	4	5	1	3	2
3	6	1	8	9	2	4	5	7
6	1	9	5	7	8	3	2	4
8	3	7	9	2	4	5	1	6
5	2	4	1	3	6	7	9	8

74

1	5	2	3	7	6	4	9	8
4	6	3	9	5	8	2	1	7
8	9	7	4	1	2	5	3	6
9	3	1	6	2	4	8	7	5
2	7	8	5	9	3	6	4	1
6	4	5	1	8	7	9	2	3
3	8	6	7	4	9	1	5	2
5	2	4	8	3	1	7	6	9
7	1	9	2	6	5	3	8	4

75

5	6	7	2	8	9	4	1	3
4	2	1	3	7	6	9	5	8
8	3	9	4	1	5	7	2	6
1	8	6	9	5	4	2	3	7
3	9	5	7	2	1	8	6	4
7	4	2	6	3	8	5	9	1
9	5	3	8	6	7	1	4	2
2	1	8	5	4	3	6	7	9
6	7	4	1	9	2	3	8	5

76

9	7	6	4	8	3	2	1	5
3	1	8	2	6	5	7	9	4
5	4	2	1	9	7	8	3	6
8	6	3	5	4	2	1	7	9
7	5	9	3	1	6	4	2	8
4	2	1	9	7	8	5	6	3
6	3	7	8	5	1	9	4	2
2	8	4	7	3	9	6	5	1
1	9	5	6	2	4	3	8	7

77

1	8	6	9	7	5	4	3	2
4	2	9	3	6	8	7	1	5
3	7	5	1	2	4	6	8	9
5	6	7	4	9	1	3	2	8
9	3	4	2	8	6	1	5	7
8	1	2	5	3	7	9	6	4
2	5	1	7	4	3	8	9	6
6	4	3	8	5	9	2	7	1
7	9	8	6	1	2	5	4	3

78

8	4	3	1	2	6	7	5	9
1	2	6	7	9	5	8	4	3
9	5	7	8	3	4	1	2	6
7	1	4	5	6	2	3	9	8
2	3	5	9	7	8	4	6	1
6	8	9	4	1	3	2	7	5
4	9	2	6	8	1	5	3	7
3	6	1	2	5	7	9	8	4
5	7	8	3	4	9	6	1	2

79

3	1	8	2	4	6	7	9	5
2	6	7	9	8	5	4	1	3
5	9	4	1	7	3	2	8	6
1	7	6	3	5	9	8	2	4
8	2	3	4	1	7	5	6	9
9	4	5	8	6	2	1	3	7
4	3	2	7	9	8	6	5	1
6	8	1	5	3	4	9	7	2
7	5	9	6	2	1	3	4	8

▶ 最强大脑 ▶
越玩越聪明的数独游戏

独一无二的"大脑体操"。